# Erster Sitzungstag.

Herr Justizrath Dr. Hinschius eröffnet die Versammlung um $9^1/_2$ Uhr Morgens mit folgenden Worten:

Meine Herren! Der Gegenstand unserer heutigen Tagesordnung ist unstreitig der wichtigste, mit dem sich jemals der Anwaltstag zu beschäftigen Gelegenheit gehabt hat. Es wird unsere ganze Kraft erfordern, wenn wir das uns zur Berathung vorliegende Material in zwei Tagen bewältigen wollen. Ich halte es daher auch nicht für am Platze, Sie mit einer langen oratorischen Einleitung zu ermüden, und heiße Sie einfach herzlich willkommen, namentlich die auswärtigen Herren Collegen, die eine Reise hierher nicht gescheut haben. Also nochmals: seien Sie herzlich willkommen! —

Um zu constatiren, Wer anwesend ist, würde ich den Herrn Collegen Dorn bitten, die Mitglieder-Liste zu verlesen. (Geschieht.)

Herr Justizrath Dr. Hinschius: Es wird jetzt nothwendig sein, das Bureau zu constituiren, und ich schlage Ihnen vor, einen Vorsitzenden, zwei Stellvertreter und drei Schriftführer zu wählen.

Nach kurzer Debatte über die Art und Weise der vorzunehmenden Wahl wird Herr Justizrath Dr. Hinschius zum Vorsitzenden, Herr Justizrath Dorn zum ersten und Herr Justizrath Laué zum zweiten Stellvertreter des Vorsitzenden erwählt. — Die Betreffenden nehmen die Wahl an.

Vorsitzender: In Bezug auf die Schriftführer geht mein Antrag dahin, daß Sie die Auswahl derselben dem Vorstande überlassen. (Zustimmung.) Vorgeschlagen sind die Herren Arndts II., Martiny und Mecke. Wollen Sie diesen Herren das Schriftführeramt übertragen? (Zustimmung.)

Ehe wir in die Verhandlungen eintreten, wollte ich bitten, daß Gäste, die in der Versammlung sind, sich entweder auf die rechte oder auf die linke Seite placiren, damit keine Irrthümer bei den Abstimmungen vorkommen und dieselbe keinen Zweifel zuläßt.

College Werenberg hat es übernommen, einen kurzen einleitenden Vortrag über die Prinzipien zu halten, welche in dem neuen „Entwurf einer Prozeß-Ordnung für den Norddeutschen Bund“ auseinander gesetzt werden sollen. Ich glaube, daß es zweckmäßig sein dürfte, da doch wohl nicht Alle Gelegenheit gefunden haben, sich mit dem neuen Entwurfe so eingehend zu beschäftigen, ein kurzes Bild desselben zu erhalten. Ich bitte Herrn Werenberg, seinen Vortrag zu beginnen.

Herr Rechtsanwalt Dr. Werenberg: Meine Herren! Mir ist gestern Mittag von dem Vorstande der Auftrag geworden, einige einleitende Worte über den Gegenstand der heutigen Tagesordnung zu sagen. Diese Aufgabe ist allerdings eine sehr ehrenvolle, sie hat aber auch ihre großen Schwierigkeiten, namentlich wegen der kurzen Zeit, die mir zur Vorbereitung nur vergönnt gewesen ist. Ich muß daher allerseits um Ihre Nachsicht bitten. — Ich glaube meiner Aufgabe nur dann gerecht werden zu können, wenn ich meine eigene persönliche Anschauung über den Entwurf vollständig in den Hintergrund zurückdränge, und mich bemühe, dasjenige Material vorzulegen, was für die Beurtheilung des Entwurfs und Ihre Stellung zu den eingegangenen Anträgen von Wichtigkeit sein kann, um Ihnen dadurch die Abstimmung über die einzelnen Punkte zu erleichtern. Ich werde mich dabei bemühen, so objectiv zu sein, wie ich kann, und ich hoffe, daß mir dies nicht ganz mißlingen wird.

Ich muß zunächst an einige geschichtliche Thatsachen erinnern, indem ich weiter zurückgreife, nämlich auf die Allgemeine Gerichts-Ordnung. Es ist Ihnen bekannt, daß die Allgemeine Gerichts-Ordnung von 1794 das ihrer Zeit sehr anerkannte gesetzgeberische Werk war, welches die Einheitlichkeit des Prozeß-Verfahrens für den damaligen Preußischen Staat — dessen Gebiet man heute etwa die „östlichen Provinzen" nennen würde — in's Leben führte. Es ist Ihnen ebenso bekannt, und ich brauche Sie nur daran zu erinnern, daß diese Gesetzgebung ganz abweichend von dem gemeinrechtlichen Prozeß auf der Inquisitionsmaxime beruhte und die materielle Wahrheit auch für das Civilverfahren eruiren wollte. Es hat diese Prozeßgesetzgebung damals große Billigung gefunden, und es hat sich der damalige Preußische Staat bei derselben sehr wohl befunden. Die Ereignisse der Zeit sind aber weiter gegangen. 1815 trat ein Gebiet an den Preußischen Staat heran, in welchem das Rheinisch-Französische Verfahren Geltung hatte, — ein nicht unbedeutender Theil von drei Millionen Einwohnern; ferner Neu-Vorpommern und Rügen, in welchen Districten das gemeinrechtliche Prozeßverfahren Geltung hatte. Da die Prinzipien des gemeinen Prozesses, wie diejenigen der Französischen Prozeßordnung den Prinzipien der A. G.-O. geradezu entgegenstanden, so war es schon damals das Bestreben der Preußischen Regierung, eine einheitliche Codification der Prozeßgesetzgebung für den ganzen Preußischen Staat zu Stande zu bringen. Was daraus geworden ist, ist Ihnen bekannt. Es ist in Novellenform versucht worden, Einiges an den Bestimmungen der A. G.-O. zu ändern, einige Theile des Verfahrens neu zu regeln; die Einheitlichkeit, die man erstrebt hatte, ist aber nicht erreicht worden. Die bekannten Verordnungen vom Jahre 1833 und 1846 lassen einen Zweifel darüber nicht, daß der Preußischen Gesetzgebung schon damals das hohe Ideal einer einheitlichen Prozeßordnung vollständig klar vorgeschwebt hat, daß sie nur bei den damaligen Zeitverhältnissen nicht in der Lage zu sein glaubte, dasselbe gleich erreichen zu können. Ich gestatte mir, aus der Einleitung der Verordnung vom 1. Juli 1833 hier die Worte hervorzuheben: „die in Unsrer A. G.-O. vorgeschriebenen Prozeßformen bedürfen für diejenigen Sachen, welche zu einem abgekürzten Verfahren geeignet sind, einer Abänderung, welche nicht füglich bis zur Vollendung der von Uns angeordneten allgemeinen Revision der Gesetze ausgesetzt bleiben kann“.

Derselbe Gedanke spricht sich auch in der Einleitung der Verordnung vom 21. Juli 1846 aus. Ich glaube daher einem Widerspruche nicht zu begegnen, wenn ich constatire, daß die Verordnung von 1833 und ebenso die von 1846 von vornherein einen provisorischen Charakter gehabt hat, daß sich die legislative Gewalt keinen Augenblick darüber im Unklaren gewesen ist, daß dieser provisorische Charakter so schnell wie möglich vertauscht werden müßte mit einer einheitlichen Codifikation, die sich erstrecke über die bisher noch disparaten Gebiete der drei bestehenden Prozeßordnungen. Als nun das Jahr 1848 herankam, fand sich, wie überall in Deutschland, so auch in Preußen die Forderung in den Vordergrund gedrängt: daß das Gerichtsverfahren auf den Grundlagen der Oeffentlichkeit und Mündlichkeit aufgebaut werden solle. Was von diesen Forderungen realisirt worden ist, brauche ich Ihnen nicht in's Gedächtniß zurück zu rufen —: es ist seit der Zeit, was die Civilprozeßgesetzgebung anlangt, im Preußischen Staate nur die Verordnung vom Jahre 1849 für die Territorien des gemeinrechtlichen Prozeßverfahrens erlassen worden, die sich im Allgemeinen anlehnt an die Bestimmungen der Verordnung vom Jahre 1846, und ein schriftliches Verfahren mit einer kurzen mündlichen Schlußverhandlung adoptirt hat. Ich darf wohl hier auch noch daran erinnern, daß die ganze Grundlage der A. G.-O. bereits durch die Verordnungen von 1833 und von 1846 verlassen war, daß nach diesen Verordnungen von den Maximen, die der A. G.-O. zu Grunde lagen, von der Inquisitionsmaxime, von dem Prinzipe der Erforschung der materiellen Wahrheit nicht mehr die Rede sein konnte, daß der Inhalt der letzteren Verordnungen sich vielmehr auf das gemeine Deutsche Prozeßrecht stützt und sich ganz wesentlich demselben angeschlossen hat.

Es ist Ihnen auch bekannt, und ich brauche nur kurz daran zu erinnern, daß im Laufe der Jahre von 1848 bis 1866 in einzelnen deutschen Ländern mancherlei Versuche gemacht worden sind, eine Codifikation auf dem Gebiete des Prozeßrechts durchzuführen. Eine der bedeutendsten Erscheinungen dieser Art ist die im Jahre 1850 erschienene Allg. bürgerliche Prozeßordnung für Hannoverm Dieselbe stand in der Mitte zwischen dem französiichen und dem gemeinen deutschen Prozeßverfahren. Ste enthielt die Verhandlungsmaxime und gab ihr eine weitere Anwendung. Sie überließ namentlich den Geschäftsbetrieb den Parteien selbst, mit Ausnahme der Sachen, welche vor dem Einzelrichter verhandelt wurden. Ste hatte nie Eventualmaxime, litt aber und leidet noch gegenwärtig eben dadurch au dem großen Uebelstande, daß sie den

Vortheil, den das französische Prozeßverfahren in sich schließt, aufgeben, daß sie auf die Concentration der Verhandlungen, auf die Einheitlichkeit des ganzen Verfahrens verzichten mußte. Die hannöversche Prozeßordnung ist auf dem Standpunkte stehen geblieben — ich will sie hier weder loben noch tadeln — sie ist auf dem Standpunkte des gemeinrechtlichen Verfahrens stehen geblieben, den Prozeß in bestimmte Abschnitte zu zertheilen und diese völlig abzuschließen, sie hat sich daher zur Adoption des bindenden Beweisurtheils entschließen müssen.

Es ist Ihnen nun ja auch bekannt, daß, nachdem diese Prozeßordnung eingeführt war, sie in verschiedenen deutschen Ländern Beifall gefunden hat, und daß einige kleinere Staaten, darunter namentlich Oldenburg, — sie als Vorbild ihrer neugeschaffenen Prozeßordnungen angenommen haben, so daß man sagen kann, die hannöversche Prozeßordnung gelte jetzt in einem über die Grenzen des vormaligen Königreichs Hannover hinausgehenden Bezirke.

Im Jahre 1864 erschien der sogenannte Preußische Prozeß-Entwurf, der, von einer hierzu eingesetzten Immediat-Commission ausgearbeitet, in einem gewissen Gegensatze zu dem in Altpreußen, Rheinland und in den Ländern des gemeinen Prozeßverfahrens thatsächlich geltenden Rechte, die Prinzipien des französischen Verfahrens in ihre äußersten Consequenzen verfolgte. Dieser preußische Entwurf vom Jahre 1864 wird als Kunstwerk eben wegen seiner consequenten Durchführung sehr gelobt; ob er in seinen Bestimmungen den Bedürfnissen des praktischen Lebens ebenso entgegen gekommen ist, — darüber wird man verschiedene Urtheile hören können. Ich folge auch hier meinem Grundsatze, mein eigenes Urtheil nicht auszusprechen; ich darf aber constatiren, daß dieser Entwurf allen höheren Gerichtshöfen des Landes zur Begutachtung unterbreitet worden ist und daß das Resultat sich herausgestellt hat, daß von 14 höheren Gerichtshöfen — der oberste hat sich nicht erklärt — 13 sich gegen die Einführung desselben ausgesprochen haben. — Gleichzeitig tagte in Hannover eine unter den Auspicien des seligen Bundestages zusammengekommene Commission, die einen Prozeßentwurf ausarbeitete, der unter dem Namen des Hannöverschen oder des Deutschen Prozeßentwurfs bekannt geworden ist. Derselbe hat sich mehr auf den vermittelnden Standpunkt zwischen dem französisch-rheinischen und dem gemeinen deutschen Prozeßverfahren gestellt; er hat sich bestrebt, aus dem einen das Praktische und aus dem anderen das Zweckmäßige herauszunehmen.

Das Jahr 1866 mit seinen großen Ereignissen hat dem preußischen Staate, ähnlich wie das Jahr 1815, wiederum große neue Provinzen zugebracht; unter ihnen einerseits die Provinz Hannover, in welcher die von mir bezeichnete Hannoversche Prozeßordnung Geltung hatte, andererseits ein Gebiet von mehreren Millionen, in welchem das gemeine deutsche Prozeßverfahren galt.

Es ist nun zwar, woran hier kurz erinnert werden mag, durch die bekannte Verordnung vom 24. Juni 1867 eine gewisse Einheitlichkeit des Prozeßverfahrens für die neuen Provinzen, Hessen, Nassau, Schleswig-Holstein, in denen im Wesentlichen der gemeine Prozeß galt, herbeizuführen versucht worden. Im Uebrigen aber war in der ganzen Periode seit 1846 hinsichtlich der Prozeßgesetzgebung in Preußen nichts geschehen. Da kam die Verfassung des Norddeutschen Bundes und diese bestimmte in ihrem Artikel 4 unter Nr. 13, daß zu den Gegenständen der Bundesgesetzgebung diejenige über das gerichtliche Verfahren gehören sollte, daß also der Bund für eine gemeinsame Prozeßordnung zu sorgen habe. Zu diesem Zweck ist denn die sogenannte Civil-Prozeß-Commission zusammenberufen worden, die nunmehr den ersten Theil ihrer Arbeit in die Oeffentlichkeit gegeben hat, und dieser erste Theil des Prozeß-Entwurfs, welcher sich mit dem Verfahren in erster Instanz befaßt, ist derjenige, der den Gegenstand unserer heutigen Berathungen bilden wird.

Was die Thätigkeit der Prozeß-Commission anlangt und insbesondere ihre Stellung zu den einzelnen Entwürfen, die als schätzbares Material im Laufe der Jahre angehäuft waren und ihr unterbreitet wurden, so war nach dem Einberufungsreskripte von Seiten des Bundesrathes der Commission anheimgegeben eine gemeinsame Deutsche Prozeßgesetzgebung auszuarbeiten auf Grundlage des Preußischen Prozeßentwurfs von 1864 mit Berücksichtigung des Hannoverschen Entwurfs. Es ist darüber gestritten worden, ob die Prozeß-Commission dies ihr Mandat richtig aufgefaßt und ausgeführt habe oder nicht, indem sie ihren Berathungen den Hannoverschen Entwurf unter Berücksichtigung des Preußischen zu Grunde gelegt hat. Der Streit scheint ein müßiger zu sein. Ich erinnere mich in dieser Beziehung einer charakteristischen Aeußerung, die vor einigen Tagen im Herrenhause ein früherer Preußischer Justiz-Minister that, Herr von Bernuth, der da meinte, es müsse doch gleichgültig sein, ob die Mitglieder der Commission den Preußischen Entwurf auf der Rechten und den Hannoverschen auf der Linken oder umgekehrt den Preußischen auf der Linken und den Hannoverschen auf der Rechten liegen gehabt haben.

Was nun das Gesetzgebungswerk selbst anlangt, so ist es bestimmt, Geltung zu erhalten für den ganzen Norddeutschen Bund und ich glaube, wenn wir eine richtige Stellung zu dem Entwurfe einnehmen wollen, so dürfen wir nicht übersehen, wie die gegenwärtige Prozeßgesetzgebung in den einzelnen Staaten des Norddeutschen Bundes beschaffen ist, und da finden wir dann Folgendes: Es erstreckt sich das Gebiet der Allgemeinen Gerichtsordnung mit den Novellen von 1833 und 1846 über ein Gebiet von $15^1/_2$ Millionen. Da man es häufig mit derartigen Zahlen nicht so genau nimmt, es dabei auf eine halbe oder ganze Million nicht ankommen läßt, und dann auf solche willkürlich gegriffenen Zahlen seine Argumentationen baut, so habe ich mich verpflichtet gehalten, die Zahlen so genau, wie es mir in der kurzen Zeit möglich war, zusammenzustellen, um für die heutige Diskussion die Gefahr zu beseitigen, daß aus unrichtigen Zahlen falsche Schlußfolgerungen gezogen werden. Der Rheinisch-Französische Prozeß erstreckt sich über ein Gebiet von reichlich 3 Millionen, das Terrain der Hannoverschen Prozeßordnung von 1850, die also außer für Hannover u. A. auch für Oldenburg gilt, habe ich beziffert für eine Einwohnerzahl von $2^1/_2$ Millionen, das gemeine Prozeßrecht gilt nach meiner Zählung im Norddeutschen

Bunde für beinah $7\frac{1}{2}$ Millionen. Es hatte also die Commission mit diesen verschiedenen Faktoren zu rechnen. Die Commission, indem sie ein allgemeines Prozeßgesetz für Norddeutschland ausarbeiten wollte, hatte unbedingt die Verhältnisse zu berücksichtigen, welche thatsächlich bestanden für einen Kreis von $15\frac{1}{2}$ Millionen, für einen anderen von 3 Millionen, für einen dritten Kreis von $2\frac{1}{2}$ Millionen und für einen ferneren von 7 Millionen. In wie weit sie es gethan oder nicht gethan hat, das wird Gegenstand Ihrer heutigen Diskussion sein, indem auf diesen Punkt sich verschiedene der zur Tagesordnung gestellten Anträge beziehen. Ich habe mich an dieser Stelle zunächst auf die Zahlenangaben beschränken müssen.

Was nun die Grundsätze des Entwurfes der Civil-Prozeßordnung für den Norddeutschen Bund anlangt, so darf ich zuvörderst bemerken, daß hier selbstverständlich derjenige Grundsatz, der, wie ich vorhin erinnerte, besonders im Jahre 1848 eine der hauptsächlichsten Forderungen bildete, seinen Ausdruck gefunden hat, nämlich der Grundsatz der Oeffentlichkeit.

Auch der zweite seit 1848 vorzugsweise in das Programm der allgemein anerkannten Reformforderungen aufgenommene Grundsatz, der der Mündlichkeit, ist in dem Entwurfe der Civil-Prozeßordnung adoptirt worden. Der Entwurf geht von dem Grundsatze aus, daß nur das unmittelbar vor dem Richter Vorgetragene Gegenstand der richterlichen Beurtheilung sein kann und darf. Es unterscheidet in dieser Beziehung allerdings der Entwurf zwischen zwei verschiedenen Arten des Verfahrens, zwischen dem Verfahren vor dem Kollegialgerichte und dem Verfahren vor dem Einzelrichter. Das Verfahren vor dem Kollegialgerichte soll im sogenannten Anwalts-Prozeß unter Vorbereitung der mündlichen Verhandlung durch vorher gewechselte Schriftsätze vor sich gehen; das Verfahren bei dem Einzelrichter und beim Handelsgerichte wird nicht im Anwalts-Prozesse verhandelt, sondern die Parteien treten ohne Vermittelung eines Anwalts mit ihrem mündlichen Vortrage vor den Richter. Im letzteren Verfahren hat man sich noch zu einer gewissen Nachgiebigkeit gegen die Inquisitionsmaxime der altpreußischen Gerichtsordnung verstehen zu müssen geglaubt, indem man die Parteien unter eine mehr oder weniger große Kuratel des Richters stellte, derart, daß nach dem Entwurfe vor den Handels- und Amtsgerichten die Parteien auf jeden möglichen Verstoß, den sie etwa machen könnten, vom Richter aufmerksam gemacht werden sollen, daß der Richter ihnen sachdienliche Erklärungen und Anträge an die Hand giebt u. s. f. Dagegen beruht das Verfahren vor den Kollegialgerichten auf der Vertretung der Parteien durch Anwälte und auf der Vorbereitung des ganzen Prozesses durch Schriftsätze, welche die Anwälte unter einander wechseln. Der Entwurf, von dem Grundsatze der Unmittelbarkeit oder Mündlichkeit des Verfahrens ausgehend, erklärt aber diese Schriftsätze nicht für bindend, er giebt vielmehr den Parteien das Recht, dieselben noch im Laufe der mündlichen Verhandlung nach Belieben zu ändern; er gestattet indessen der Gegenpartei, gegen welche eine solche Aenderung gerichtet wird, Terminserstreckung zu verlangen, oder die Klageänderung zu rügen, und sucht durch die hieran für den Aendernden geknüpften Folgen eine gar zu häufige Abweichung von dem Inhalte der Schriftsätze hintanzuhalten. Ob der Entwurf das Richtige getroffen, indem er die Schriftsätze für nicht bindend erklärte, dies ist eine Frage, welche für den Anwaltsstand von größter Wichtigkeit ist und später Gegenstand Ihrer Diskussion werden wird. Ich darf mir als Referent ein Urtheil darüber auszusprechen nicht gestatten.

Außer diesen beiden Grundsätzen der Offentlichkeit und Mündlichkeit des Verfahrens hat der Entwurf einen dritten durchzuführen gesucht, nämlich den, das gesammte Verfahren möglichst zu einem einheitlichen zu gestalten. Der Entwurf hat die Eventualmaxime im weitesten Sinne in ihre Konsequenzen hinein zu verfolgen gesucht. Auch über die Frage werden Ihnen Anträge unterbreitet werden, ob die desfallsigen Bestimmungen das Richtige getroffen haben. Ich will hier nur darauf aufmerksam machen, daß das Prinzip sich nach dem Entwurfe im Wesentlichen darin äußert, daß das Verfahren, mag es in so viele Termine zerfallen, wie es wolle, immer als ein einheitliches aufgefaßt wird, so daß, mit Ausnahme der bereits präkludirten Handlungen, bis zum Schluß der mündlichen Verhandlung, mag dieser Schluß auch erst im vierten oder fünften Termine stattfinden, jede Partei berechtigt ist, neue Angriffs- und neue Vertheidigungsmittel vorzubringen.

Der Entwurf hat, von diesem Prinzip ausgehend, selbstredend auch für die Trennung des Prozeßstoffes in bestimmte Abschnitte, wie sie das gemeine Prozeßrecht hat, keinen Platz gefunden; er kennt also auch nicht das bindende Beweisurtheil, er kennt nur das Beweisresolut. Dieses Resolut bindet den Richter, der es erläßt, zwar bis dahin, daß die Beweisaufnahme vollendet ist; nachdem dies geschehen, kann aber unter gegebenen Verhältnissen durch eine nachträgliche Beweisantretung eine Abänderung des Beweisresoluts von demselben Richter vorgenommen werden; das Resolut bindet ihn auch nicht in der Weise, daß er diejenigen Folgerungen, die er sich mit der Führung des in dem Beweisresolute auferlegten Beweises verknüpft gedacht, nun später auszusprechen gezwungen ist, sondern der Entwurf stellt sich auf den Standpunkt, daß die Schlußverhandlung dem Richter noch Material an die Hand geben kann, das seine ganze vorherige Auffassung von dem Sachverhältnisse auf den Kopf stellt, und das ihn veranlaßt, von einer etwaigen Beweisauflage ganz zu abstrahiren, oder die Beweisaufnahme ganz anders zu würdigen, oder auf einen Eid der Parteien zu rekurriren. Das sind die wesentlichsten Konsequenzen, die der Entwurf aus dem Prinzip der Einheitlichkeit des Verfahrens zieht. Es tritt zu denselben als eine fernere noch hinzu, daß dasjenige Gericht, welches mit der Führung eines Prozesses befaßt ist, eine Attraktionskraft ausüben soll auf alle Nebenstreitigkeiten und Differenzpunkte, die zu dem ersten Prozeß hinzutreten, dergestalt, daß z. B. die zu diesem ersten Prozesse hinzutretenden Interventionen, Laudationen, Regreßansprüche, daß aber auch alle ferner aus dem ersten Prozesse sich herausbildenden Prozeßstoffe, z. B. der Streit über die Existenz, über die Anerkennung eines Rechtsverhältnisses, welches zunächst nur bedingter Weise in Frage kam, von demselben Gerichte entschieden werden sollen. Ob hierin der Entwurf das Richtige getroffen, ob er zu weit gegangen, — auch das werden Sie später zu beurtheilen haben, indem Ihnen auch darüber Anträge nach der einen oder andern Richtung hin werden vorgelegt werden.

Dann hat der Entwurf einen vierten Grundsatz angenommen, den ich hier als Verhandlungsmaxime, diese jedoch im weiteren Sinne, als im Sinne des gemeinen Prozeßrechts verstanden, bezeichnen will. Der Richter ist nach dem Entwurfe an die Anträge der Parteien gebunden, wie dies schon aus dem Prinzipe der Unmittelbarkeit und Mündlichkeit folgt; er hat nur das, was die Parteien vor ihm vorbringen, für sein Urtheil zu berücksichtigen. Er hat aber auch vorzugsweise sich auf die Entscheidung des ganzen vor ihm entwickelten Prozeßstoffes zu beschränken. Die richterliche Thätigkeit, wie sie nach einem Theile der jetzt geltenden Prozeßordnungen im Schwange ist, diese richterliche Thätigkeit ist nach dem Entwurfe auf ein anderes Maß gebracht, ich kann nicht sagen zurückgeführt, denn es läßt sich darüber streiten, ob man in der Stellung, die der Entwurf den Gerichten anweist, eine capitis diminutio, oder nicht vielmehr eine freiere und würdigere Position, die dem Richterstande gegeben ist, finden will. Es folgt aber aus dieser Stellung, daß der Richter die von den Parteien ihm übertragene Kompetenz anerkennen, daß er einen Prozeß, den beide Parteien vor ihm verhandeln wollen, ohne Kompetenzprüfung annehmen muß. Die Prorogationsbefugniß ist nach dem Entwurf sehr weit, ja Einzelne behaupten, zu weit ausgedehnt; ich muß mich hier auf diese Andeutung beschränken: es wird darüber ein Antrag im Laufe der Debatte Ihnen zur Begutachtung vorgelegt werden. — Indem der Richter nun beschränkt wird auf die Rechtsprechung, hat andererseits der Entwurf doch geglaubt, ihm verschiedene Thätigkeiten zuweisen zu müssen, die er ex officio zu übernehmen hat, von denen es streitig sein kann, ob sie zur offiziellen Thätigkeit des Richters gehören sollen. Auch darüber werden Anträge Ihrer Begutachtung unterbreitet werden, namentlich in Bezug auf die Bestimmungen des Entwurfs, durch welche das Paktiren der Parteien über Nothfristen ausgeschlossen, und durch welche die Prüfung der Vollmachtsfragen, also des Vorhandenseins der persona standi in judicio, der Legitimation des für eine nicht prozeßfähige Partei Auftretenden u. s. f. angeordnet ist.

Die richterliche Thätigkeit oder die Stellung, die dem Richter nach dem Entwurfe angewiesen wird, ist nun, wie ich mir bereits anzudeuten erlaubt habe, in vieler Beziehung eine freiere als nach dem Standpunkte der gegenwärtigen Gesetzgebung. Es ist dem Richter eine große diskretionäre Gewalt eingeräumt; er hat die Sachen nach seinem Ermessen zu trennen oder zu verbinden; er hat das Recht, zur Aufklärung des Thatbestandes Fragen mit präjudizieller Wirkung an die Parteien zu richten, er hat endlich, wenn nach seinem Dafürhalten das Beweismaterial, das vor ihm angehäuft worden, die Sache spruchreif gemacht hat, dieses Beweismaterial ganz frei zu prüfen. Der Entwurf schafft die gesetzlichen Beweisregeln vollständig ab, mit einzelnen Ausnahmen, die sich auf Fälle beziehen, in welchen auch schon nach der bisher bestehenden Prozeßgesetzgebung die Beweisfähigkeit eines Beweismittels gesetzlich regulirt war; es gehört dahin die Beweiskraft des Geständnisses, der in öffentlichen, zum Theil auch in Privaturkunden niedergelegten Bekenntnisse und Anerkenntnisse u. s. w. Im Einzelnen darauf einzugehen, wird indessen hier nicht der Ort sein. Es zeigt sich die freiere Stellung des Richters dem Beweismateriale gegenüber auch ganz vorzugsweise in der Auffassung, die der Entwurf von dem Schiedseide der Parteien hat. Da der Richter das ganze Beweismaterial frei zu prüfen, nach seiner Prüfung die Parteibehauptungen für wahr oder nicht für wahr zu erklären und demgemäß über die streitigen Ansprüche zu erkennen hat, so kann die Beweisführung nur zu dem Zwecke stattfinden, um dem Richter eine Ueberzeugung beizubringen. Es folgt daraus, daß der Grundsatz gelten muß: es wird nur dem Richter, nicht der Gegenpartei, der Beweis erbracht. Es folgt daraus aber ferner, daß der Standpunkt des gemeinen Prozeßrechtes nicht statuirt werden kann, nach welchem die Parteien beliebig im Wege der Transaktion, je nachdem dieser oder jener Eid geleistet wird, das Urtheil des Richters über den Ausgang des Prozesses im Voraus zu binden vermögen. Es beruhen auf dieser verschiedenen Auffassung des Entwurfes vom Schiedseide manche, von den bisherigen abweichende Vorschriften, besonders über die Zulässigkeit des Haupteides, über die Zulässigkeit der nothwendigen Eide, über den Ausschluß der Gewissensvertretung u. s. w.: Spezialitäten, auf die ich hier nicht näher einzugehen brauche. — Das sind im Großen und Ganzen genommen, die Grundzüge des neuen Entwurfs.

Wenn ich mir nun noch gestatten darf, kurz auf die Stellung, die der Entwurf zu den bisherigen Prozeßordnungen einnimmt, aufmerksam zu machen, so bedarf es dabei nur einer Hinweisung auf die verschiedenen einzelnen, von mir vorhin entwickelten Prinzipien desselben. Am weitesten abweichend von dem **gemeinen** Prozeßrecht ist der Entwurf unzweifelhaft da, wo er an die Stelle der Schriftlichkeit des Verfahrens die mündlichen Verhandlungen treten läßt; aber auch in der Durchführung der Einheitlichkeit des Verfahrens zeigt sich eine wesentliche Abweichung vom gemeinen Prozesse; für die Eventualmaxime im Sinne des letztern, für eine Trennung des Verfahrens in einzelne Prozeßabschnitte, für ein bindendes Beweisurtheil hat der Entwurf keine Stelle gefunden. Die freie Beweisprüfung endlich ist ja ebenfalls eine Maxime, die dem gemeinen Prozeßrechte gänzlich fremd ist. Was das Verhältniß zur **Preußischen Gerichtsordnung** betrifft, wenn ich unter der allgemeinen Gerichtsordnung zugleich die Novellen von 1833 und 1846 verstehe, so nähert sich ihr der Entwurf in einem wichtigen Punkte. Die Einheitlichkeit des Verfahrens, die Beseitigung des Beweisurtheils ist vollständig übereinstimmend mit dem Verfahren, wie es schon jetzt für die Altpreußischen Provinzen Gültigkeit hat. Im Uebrigen ist für die freie Beweisprüfung, für die Unmittelbarkeit des Verfahrens, für die Verhandlungsmaxime, wie sie der Entwurf einführen will, in der Gerichtsordnung und in den Verordnungen von 1833 und 1846 kein Anknüpfungspunkt vorhanden.

Im Vergleiche zum rheinisch-französischen Verfahren ist die Verhandlungsmaxime — wenn ich mich dieses Ausdrucks bedienen darf — im Entwurfe bei weitem nicht so streng durchgeführt. Den Grundsatz, daß der Richter sich nur streng auf die jedesmalige Entscheidung beschränken muß, daß, wenn er eine Entscheidung gefaßt hat, er vorläufig von der ganzen Prozeßführung absolvirt ist und warten kann bis die Parteien ihm ein Excitatorium geben, eine neue Audienz beantragen, — kennt allerdings der Entwurf nicht. Es wird hier vielmehr dem Prozeßdirektionsrechte ein viel größerer Spielraum eingeräumt, insofern der Richter den Audienztermin von Amtswegen ansetzen muß, wenn die Klage angebracht ist; insofern er die Fortführung des Verfahrens in den einzelnen Terminen übernimmt, insofern, als er die beantragte Beweisaufnahme ex officio verordnet u. s. w. Darin besteht ein wesentlicher Unterschied des Entwurfs von dem rheinisch-französischen Verfahren. In dem Grundsatze der Unmittelbarkeit des Verfahrens, in der Adoption der Mündlichkeit der Verhandlungen dagegen begegnen sich beide, nur daß das rheinisch-französische Verfahren die Mündlichkeit vielleicht etwas weiter ausdehnt, als der Entwurf es will, indem dort die vorbereitenden Schriftsätze, die gewechselt werden, gar nicht zu den Gerichtsakten kommen, während der Entwurf sie zur Kenntniß des Gerichtsvorsitzenden bringen und einen Theil der Gerichtsakten bilden lassen will. — Der Unterschied des vom Entwurfe beabsichtigten Verfahrens gegen das jetzige hannoversche ist ein sehr erheblicher. Der Geschäftsbetrieb der Parteien ist nach der hannoverschen Prozeßordnung viel ausgedehnter, als der Entwurf ihn zulassen will. Einer der erheblichsten Unterschiede besteht aber in der Durchführuug des Prinzipes der Einheitlichkeit des Verfahrens. Ich habe bereits vorhin darauf aufmerksam zu machen mir erlaubt, daß das Hannoversche Prozeßrecht gleich dem gemeinen Prozesse die Theilung des Verfahrens in Abschnitte kennt; daß es an den Schluß des ersten Abschnitts ein bindendes Beweisurtheil setzt, auf Grundlage dessen der Richter, unbekümmert, ob und wie weit durch die spätere Verhandlung die Voraussetzungen desselben sich geändert haben könuen, sein Schlußurtheil sprechen muß.

Aus dieser kurzen Darlegung der Grundzüge des Entwurfes einer Civilprozeßordnung für den Norddeutschen Bund werden Sie Sich vergewissert haben, daß derselbe in die allerbedeutendsten Fragen der dem Anwaltsstande anvertrauten Thätigkeit eingreift. Die Einheitlichkeit der Gesetzgebung auf diesem Gebiete ist durch die Norddeutsche Bundesverfassung sicher gestellt; der Preußische Anwaltstag wird es nicht für seine Aufgabe halten, diese verhindern oder verzögern zu wollen; aber er hat den Beruf, seine praktischen Erfahrungen den gesetzgebenden Faktoren zur Verfügung zu stellen und dafür zu sorgen, daß die Bedürfnisse der Parteien und der zu ihrer Vertretung Berufenen zum Ausdrucke kommen. Wenn wir uns allerseits bestreben, von diesem Standpunkte ausgehend die mannigfachen Erfahrungen, die ein Jeder von uns ohne Zweifel gemacht hat, dem großen nationalen Werke zu Gute kommen zu lassen, und unsere Diskussion zu führen sine ira et studio, so werden die Beschlüsse des Anwaltstages ihre Wirkung an maßgebender Stelle nicht verlieren und wie für das ganze Volk so auch für unseren Stand lohnend und segensreich sein.

Vorsitzender: Wir müssen Herrn Kollegen Werenberg für den gediegenen Vortrag danken. Bevor wir weiter gehen, habe ich noch zu bemerken, daß mir von dem Kollegen Beschorener in Dresden gestern ein Schreiben zugegangen ist, dem eine Berathung mehrerer Dresdener Juristen über den vorliegenden Entwurf zum Grunde liegt und welches Bemerkungen dazu mittheilt. Ich werde mir erlauben die einschlagenden Stellen bei den betreffenden Gegenständen mitzutheilen.

Die anwesenden Herren sind davon unterrichtet, daß der „Entwurf“ zunächst in den „Vorbemerkungen“ die allgemein leitenden Gesichtspunkte enthält, die dem Entwurf zu Grunde gelegt sind. — Es sind mit Bezug auf diese Vorbemerkungen eine Reihe von Anträgen eingegangen und in einer gestrigen Vorversammlung hat man sich verständigt, zuerst den Antrag des Herrn Ornold auf Seite 4 zur Berathung zu stellen. Derselbe geht dahin:

> zu erklären, daß die Beschlußfassung darüber, ob der Entwurf einer Prozeßordnung in bürgerlichen Rechtsstreitigkeiten für den Norddeutschen Bund zur Annahme als Gesetz für geeignet zu erachten, bis zur Veröffentlichung des ganzen Entwurfs auszusetzen.

Dazu ist ein Amendement gestellt vom Herrn Kollegen Schröder aus Altona, betreffend die Einschaltung des Wortes „definitive“ vor dem Worte „Beschlußfassung“ und dahinter „Durchführung der Berathung.“

In der gestrigen Versammlung sind sämmtliche Anwesende einverstanden gewesen, daß, auch wenn dieses Amendement angenommen würde — und dasselbe gilt für den vom Kollegen Laué eingebrachten und von 40 hiesigen Anwälten unterstützten Antrag — wir dennoch die Diskussion nicht abbrechen, sondern doch in unserer Berathung fortfahren; ich glaube, Sie werden hiermit einverstanden sein, denn wir müssen uns jedenfalls sagen, daß, wenn wir nach dem Laué'schen Antrage erklären, der Entwurf ist nicht annehmbar, dies doch den Bundesrath nicht bestimmen wird, von demselben abzugehen, und daß es daher keineswegs opportun wäre, unsere erhebliche Bedenken gegen den Entwurf zu unterdrücken. Ich bitte den Kollegen Ornold seinen Antrag zu motiviren.

Rechts-Anwalt Ornold: Ich bitte meinen Antrag erst in zweiter Linie vorzubringen. Mein Antrag ist davon ausgegangen, daß erst eine Debatte und Beschlußfassung über den Antrag Laué stattfinden sollte und die Beschlußfassung muß also ausgesetzt werden, denn meines Erachtens muß in erster Linie darüber abgestimmt werden, ob wir den Antrag Laué en bloc verwerfen wollen oder nicht. Erst wenn der Antrag Laué verworfen sein sollte, hat in zweiter Linie mein Antrag aufzutreten, und ich bitte die Versammlung zu befragen, ob es sich nicht empfehle über meinen Antrag erst in zweiter Linie zu beschließen.

Vorsitzender: Wir haben angenommen, daß Ihr Antrag ganz präjudiciell sei, aber ich frage die Versammlung, ob sie über den Antrag des Herrn Collegen Laué zuerst berathen will?

(Die Versammluug ist dafür.)

Der Laué'sche Antrag lautet:

„Der Verein der Preußischen Rechtsanwälte wolle beschließen: daß der in seinen Grundprinzipien von den Vorschriften der Verordnung vom 21. Juli 1846 — Ges.-Samml. de 1846, Seite 291 — abweichende, bis jetzt veröffentlichte Entwurf einer Prozeßordnung in bürgerlichen Rechtsstreitigkeiten für den Norddeutschen Bund zur Annahme als Gesetz nicht geeignet ist."

Mitunterzeichnet ist dieser Antrag von den Herren: Arndts. Becher. Engelhardt. Krieger. Golz. Lüdicke. Ahlemann. Klemm. Ulfert. Heilborn. Teichert. Loewy. Slevogt. Stubenrauch. Hecker. Weber. Jansen. Müller. Munckel. Arndts. Bouneß. Härtel. Simson. Meyn. Hagens. Geppert. Krebs. Adel. Fretzdorff. Drews. Caspar. Wilcke. Riem. Oesterreich. Humbert. Heilbron. Koffka. Wenzig. Wolff. Wegener. Simonson. Stämmler. Hammerfeldt. — zusammen 44 Herren.

Es ist nun ein Antrag eingegangen: die Beschlußfassung über diesen Antrag Laué auszusetzen, bis die Berathung beendet ist.

Rechts-Anwalt Laué: Zunächst will ich Einiges zur Erläuterung des von meinen Kollegen und mir gestellten Antrages hervorheben.

Ich weise darauf hin, daß er nicht rein negativ ist und daß damit nicht blos die Erklärung bezweckt ist, daß der vorliegende Entwurf zur Gesetzesvorlage nicht geeignet sei, daß vielmehr auch die positive Erklärung darin enthalten ist, daß eine allgemeine Prozeßordnung für den Norddeutschen Bund, beruhend auf den Prinzipien der Verordnung vom 21. Juli 1846 gewünscht wird.

Die Antragsteller sind der Ueberzeugung, daß die Prinzipien der Verordnung vom 21. Juli 1846 an sich geeignet sind, als Grundlage für eine solche Prozeß-Ordnung zu dienen.

Ich möchte mich auch dagegen verwahren, daß die Antragsteller von partikularistischen Ansichten ausgegangen sind, oder daß sie den Antrag nur aus Standes-Interessen gestellt haben, — ein Vorwurf, der mir persönlich gemacht worden ist —. Zuvörderst muß ich Namens der Antragsteller und wohl in Uebereinstimmung mit allen Anwesenden das Bedauern aussprechen, daß zu der Berathung des Entwurfs der Advokatenstand nicht hinzugezogen worden ist. Es läßt sich nicht verkennen, daß jede Prozeß-Ordnung den praktischen Bedürfnissen des Publikums entsprechen muß, und daß theoretische Prinzipien dabei weniger in Frage kommen können.

Der Anwalt in seiner amtlichen Thätigkeit und in seinem Verkehr mit dem Richter einerseits, und dem Publikum andererseits, hat jedenfalls vorzugsweise Gelegenheit, die Bedürfnisse des Publikums und die Mängel des gerichtlichen Verfahrens zu erkennen.

Wenn wir den Zweck einer Prozeß-Ordnung näher ins Auge fassen, so ergiebt sich Folgendes:

Die Prozeß-Ordnung soll dem Recht suchenden Publikum

möglichst schnellen, aber auch vor Allem möglichst sicheren Rechtsschutz gewähren.

Bei der Prüfung eines Entwurfs zur Prozeß-Ordnung kann daher an sich nur allein die Erwägung maßgebend sein, ob der Entwurf zur Erreichung dieses allgemeinen Zweckes geeignet ist.

Advokaten und Richter sind nur Mittel zur Erreichung dieses Zweckes. Der Advokat ist dazu da, dem Richter das nach des Advokaten Ermessen zum schnellen und sichern Finden des Urtels nöthige faktische und rechtliche Material vorzubereiten und vorzubringen. Bei der Prüfung des Entwurfs nach dieser Richtung hin kann es daher nur darauf ankommen, ob den Advokaten eine derartige selbstständige Stellung gesichert ist, die es ihnen möglich macht, ihre Pflicht zu erfüllen, d. h. die Interessen ihrer Partei dem Richter gegenüber vollständig zu vertreten, dem Richter alles das vorzuführen, was der Advokat im Interesse seiner Partei für nöthig hält. Die Antragsteller sind nun zu der Ueberzeugung gelangt, daß der vorliegende Entwurf nicht dazu geeignet ist, jenen allgemeinen Zweck zu erfüllen, und daß darin dem Advokaten nicht diejenige Stellung gegeben ist, die es ihm möglich macht, die ihm obliegende Pflicht zu erfüllen.

Wir verkennen dagegen nicht, daß der vorliegende Entwurf in Specialbestimmungen viel Gutes hat. Wir verkennen ebensowenig, daß unser Altpreußisches Verfahren Mängel hat und einer Verbesserung fähig ist. Wir sind aber der Ansicht, daß ein Amendiren des vorliegenden Entwurfs, — was ich überhaupt für jedes organische Gesetz für sehr mißlich halte, — sehr bedenklich und fast unmöglich ist, weil die Prinzipien, auf denen der Entwurf beruht, unrichtig sind und diese Prinzipien sich durch den ganzen Entwurf hindurchziehen.

Es liegt mir ob, die Ansicht der Antragsteller näher zu begründen.

Die Hauptfragen, welche bei der Prüfung des Entwurfs einer Prozeß-Ordnung zur Erörterung kommen, sind, wie schon der Herr Vorredner hervorgehoben hat, folgende:

ob Basis der Rechtsprechung rein mündliches oder rein schriftliches oder ein gemischtes Verfahren sein soll, ob ferner in letzterer Beziehung das überwiegende Gewicht auf die Schriftlichkeit oder auf die Mündlichkeit zu legen ist. Es sind ferner die Fragen der sog. Eventualmaxime, der Verhandlungs- oder Untersuchungs-Theorie, der positiven Beweisregeln oder des Ermessens des erkennenden Richters.

Daß die schriftliche Form ohne jede Verbindung mit der Mündlichkeit und Oeffentlichkeit den Bedürfnissen nicht entspricht, wird wohl allgemein zugegeben, und von der Praxis ist diese rein schriftliche Form längst aufgegeben.

Das rein mündliche Verfahren als alleinige Basis der Entscheidung ist auch meines Wissens nirgends ganz streng durchgeführt. Selbst nach dem Rheinischen Verfahren, selbst in der Hannöverschen Prozeß-Ordnung, welche dem Richter das Recht zugesteht, einen Prozeß zum schriftlichen Verfahren zu verweisen, ist der Grundsatz der rein mündlichen Verhandlung nicht ohne Ausnahme.

Es ist also im Ganzen die Verbindung des mündlichen Verfahrens mit dem schriftlichen Verfahren von der Praxis als das Richtige anerkannt. Unsere bisherige Prozeßordnung hat den Grundsatz, daß der erkennende Richter nur das berücksichtigen kann und darf, was schriftlich fixirt ist.

Der vorliegende Entwurf stellt den entgegengesetzten Grundsatz auf,

daß nämlich die ausschließliche Basis für die richterliche Entscheidung die mündliche Verhandlung ist.

Er dehnt dieses Prinzip soweit aus, daß er sogar die ausdrückliche Bestimmung enthält, daß die mündlichen Erklärungen auch dann die Grundlage für die richterliche Entscheidung bilden, wenn auch diese mündlichen Erklärungen im Sitzungsprotokolle nicht schriftlich festgestellt sind.

In unseren bisherigen Gesetzen ist die Eventual-Maxime festgehalten. In dem Entwurfe ist die Eventual-Maxime mehr in den Hintergrund gedrängt. Der Herr Vorredner hat zwar ausgeführt, daß die Eventual-Maxime in dem Entwurf in weitester Beziehung Geltung erhalten habe. Ich bin jedoch in dieser Beziehung nicht seiner Meinung.

Nach unserem jetzigen Verfahren ist die Regel, daß der Richter an positive Beweisvorschriften gebunden ist. In dem vorliegenden Entwurf ist die Regel das freie Ermessen des Richters.

Der vorliegende Entwurf verläßt in mehrfacher Beziehung das Prinzip der Verhandlungs-Maxime und neigt sich der Untersuchungs-Theorie zu.

Wir sind der Ansicht, daß unser bisheriges Verfahren in seinen Prinzipien dem Recht suchenden Publikum die möglichst sichere Gewähr dafür bietet, daß alles im Partei-Interesse Wesentliche und Nöthige angeführt wird und zugleich dafür, daß von dem Richter bei der Entscheidung Nichts unberücksichtigt gelassen wird.

Wir sind ferner der Meinung, daß unser bisheriges Verfahren an und für sich einen schnelleren Rechtsschutz gewährt, als andere bisher zur Geltung gekommene Verfahren und auch als das in dem Entwurfe vorgeschlagene Verfahren. Dabei will ich hervorheben, daß wir in letzterer Beziehung den definitiven Beschluß noch zurückhalten müssen, weil wir die beabsichtigten Bestimmungen über die Rechtsmittel noch nicht vor uns haben, und weil es in dieser Hinsicht wesentlich darauf ankommen wird, ob der Entwurf die bisherigen Rechtsmittel beibehalten wird.

Obgleich mit Rücksicht auf die im Entwurfe aufgestellte Regel des freien Ermessens des Richters konsequenterweise wohl die Appellation fortfallen uud nur die Kassation zulässig sein sollte, soll doch, dem Verlauten nach, die Appellation aufrecht erhalten werden.

Wir sind der Ansicht, daß die Vorschrift des Entwurfs, wonach die mündliche Verhandlung die ausschließliche Grundlage für die richterliche Entscheidung ist, unausführbar ist, und zwar unausführbar für den Anwalt und unausführbar für den Richter. Wir sind der Ansicht, daß der Versuch der Ausführung dieser Vorschrift das Recht suchende Publikum gefährde.

Ich bin aber auch der Ansicht, daß diese im Entwurf aufgestellte Vorschrift eine Täuschung ist, in welche sich die Verfasser des Entwurfs gesetzt haben, und daß gerade dadurch, daß diese Vorschrift an die Spitze des Entwurfs gestellt ist, auch das Publikum getäuscht wird.

Ich will zunächst versuchen, klar zu legen, daß jene Vorschrift unausführbar ist, namentlich bei irgend verwickelten Verhältnissen.

Jeder Anwalt, auch der genialste, tüchtigste, fleißigste, mit dem besten Gedächtnisse begabte, wird zugestehen müssen, daß seine Person keine Gewähr dafür bietet, daß er bei dem mündlichen Vortrage den ganzen Streitgegenstand mit allen Zahlen und Daten speciell dem Richter vorträgt. Ebensowenig ist der Richter im Stande, einen solchen Vortrag in verwickelten Sachen mit allen Spezialitäten genau aufzufassen. Wenn ich den bedeutendsten, gelehrtesten, aufmerksamsten Richter frage, so wird er mir zugeben müssen, daß er bei einer thatsächlich verwickelten Sache den Vortrag in seinen Spezialitäten nicht so genau auffassen und in sein Gedächtniß einprägen kann, daß er ohne Weiteres auf Grund nur dieses mündlichen Vortrages das Erkenntniß zu fällen im Stande sei.

Müssen wir aber schon dies anerkennen, so müssen wir uns auch doch nicht verhehlen, daß sowohl die Richter als die Anwalte nicht immer ausnahmsweise Größen sind, daß vielmehr sowohl beim Richter als beim Anwaltstande nur von einer durchschnittlich mittelmäßigen Begabung ausgegangen werden kann.

Ist dem Anwalte aber nicht die Möglichkeit gegeben, das Verlangen des Gesetzes zu erfüllen, und ist der Richter nicht im Stande, das, was das Gesetz verlangt, zu leisten, dann tritt offenbar die Folge ein, daß durch ein solches Verfahren, wo es ausgeübt wird, das materielle Recht des Publikums geschädigt wird.

Meine Herren! Sie wissen, daß nach den jetzigen Zeitverhältnissen eine große Anzahl der Prozesse nicht einfache Sachen sind, bei denen es nur auf einen kurzen Vortrag ankommt. Wir haben in den Handelssachen oft die verwickeltsten faktischen Streitigkeiten und in den Bausachen kaum zu bewältigendes faktisches Material. Wenn aber der Anwalt dazu genöthigt werden sollte, sich vor der Audienz wie ein Schulknabe hinzusetzen und sein Pensum etwa 8 Tage lang vorher zu memoriren, damit er es ordentlich hersagen kann, — dann, meine Herren, danke ich für den Anwaltstand und für die mündliche Verhandlung, in welcher nicht mit Ueberzeugung gesprochen, sondern nur hergesagt werden würde.

Die Verfasser des Entwurfs scheinen die Unmöglichkeit der Durchführung des Prinzips der reinen Mündlichkeit auch selbst gefühlt zu haben, sind aber durch die weiteren Vorschriften dahin gelangt, daß jenes an die Spitze des Entwurfs gestellte Prinzip zur Täuschung wird.

Ich will in dieser Beziehung nur einzelnes Spezielle aus dem Verfahren des Entwurfs hervorheben.

Dem Richter geht schon die Klage zu. Alle Schriftsätze gehen zu den Akten. Wir behalten nach dem Entwurfe den ganzen Apparat unseres altpreußischen Aktenschrankes, wie die Rheinischen Advokaten sagen. Es wird ein Audienztermin angesetzt. In dem Audienztermine hat der Vorsitzende die Verpflichtung, Sorge zu tragen, daß die Sache erschöpfende Erörterung finde. Er hat die Befugniß, durch Fragen darauf hinzuwirken, daß unvollständige Erklärungen vervollständigt, daß alle wesentlichen Erklärungen abgegeben werden. Das Sitzungsprotokoll soll die in den Schriftsätzen nicht enthaltenen wesentlichen Erklärungen oder wesentlichen Abweichungen von dem Inhalte der Schriftsätze enthalten. Das Sitzungsprotokoll muß sich also im Wesentlichen auf die bereits in den Akten befindlichen, sogenannten vorbereitenden Schriftsätze beziehen und nur Dasjenige aufführen, was davon abweicht.

Dies setzt doch vor Allem voraus, daß, ganz abgesehen von dem Gerichtsschreiber, der nach meiner Meinung ein Engel von Auffassungsgabe und Gedächtnißkraft sein muß, der Präsident ganz genau aus den vorbereitenden Schriftsätzen sich informirt hat. Es ist jedenfalls sehr schwierig, bei dem Vortrage eines schon bekannten Rechtsverhältnisses sofort sich dessen bewußt zu werden und klar zu machen, was abweichend von den bisherigen Anführungen anders vorgetragen oder ausgelassen wird. Aber nicht nur der Präsident und der Gerichtsschreiber, sondern noch ein zweites richterliches Mitglied muß mit der Sachlage vor der Audienz ganz genau bekannt sein. Denn das Sitzungsprotokoll soll von dem Präsidenten und dem Gerichtsschreiber, falls aber der Präsident verhindert ist, von dem ältesten Mitgliede des Gerichtshofes vollzogen werden. Es soll also in diesem Falle dieses älteste Mitglied die Richtigkeit des Protokolls konstatiren. Nach dem Entwurf sind danach der Präsident, das älteste Mitglied des Richter-Kollegiums und der Gerichtsschreiber vor der Audienz bereits vollständig informirt.

Die Theile des Sitzungsprotokolls, welche sich auf die thatsächlichen Anführungen erstrecken, sollen vorgelesen werden. Bei der Verpflichtung des Vorsitzenden, daß Alles möglichst vollständig angeführt wird, und daß ungenügende Erklärungen ergänzt werden, würde der Vorsitzende an und für sich in Erfüllung seiner Pflicht schon den Anwalt darauf hinzuweisen haben, was Letzterer in dem mündlichen Vortrage anzuführen vergessen hat und dagegen in den Schriftsätzen steht. Wenn der Vorsitzende dies aber nicht thun sollte, dagegen der Gerichtsschreiber ein gutes Gedächtniß hat, und deshalb in das Protokoll dasjenige, was der Anwalt vergessen oder übersehen hat, aufnimmt, so wird doch der Anwalt bei dem Vorlesen des Protokolls jedenfalls das Vergessene schleunigst nachholen und geltend machen.

Es ist die Gefahr, daß dadurch außerdem ein gewiß störender Streit über die Fassung des Protokolls hervorgerufen wird.

Schon danach stellt sich heraus, daß nach dem Verfahren des Entwurfs praktisch eigentlich die in den sogenannten vorbereitenden Schriftsätzen niedergelegten schriftlichen Erklärungen im ersten Audienztermine nur als solche fixirt werden.

Noch zwei Vorschriften des Entwurfs, welche dem an die Spitze gestellten Prinzip der ausschließlichen Mündlichkeit entgegenstehen, will ich hervorheben.

Der erkennende Richter soll, wie es im Entwurf heißt, in den Erkenntnißgründen bei der Darstellung des Thatbestandes auf den Inhalt der Schriftsätze Bezug nehmen können.

Ferner stehen aber die Bestimmungen über die Schluß-Audienz dem obigen Prinzipe geradezu entgegen. Wenn der Richter einen Beweis für nothwendig hält, so erläßt er einen Vorbescheid. Wir haben schon gehört, daß der Richter an den Vorbescheid nicht gebunden ist.

Die Beweisaufnahme erfolgt ex officio.

Nach erfolgter Beweisaufnahme wird von Amtswegen der Schlußtermin angesetzt, zu welchem die Parteien vorgeladen werden. Bei der Schlußverhandlung sollen die Parteien resp. deren Vertreter unter Darlegung des gesammten Streitverhältnisses die Beweisausführung vortragen. Der Präsident soll, wenn das Ergebniß der Beweisaufnahme abweichend von dem Inhalte der Beweisverhandlungen oder unvollständig vorgetragen wird, corrigiren oder vervollständigen.

Erscheint nur eine Partei in der Schlußverhandlung, so hat diese das ganze Ergebniß vorzutragen. Erscheint keine Partei, so ruht das Verfahren, bis es von Neuem aufgenommen wird.

Der Entwurf stellt aber kein Präjudiz dafür auf, wenn der mündliche Vortrag unvollständig in der Schlußverhandlung erfolgt oder gar die erschienene Partei sich des Vortrages weigert.

Es ist namentlich etwa nicht das Präjudiz aufgestellt, daß nur das in der Schlußverhandlung mündlich Vorgetragene Basis der Entscheidung sein soll.

Ein solches Präjudiz war auch nicht möglich, weil der Richter vom Erlaß des Vorbescheides ab von Amtswegen das Weitere veranlaßt.

Ich denke mir folgendes Beispiel:

Der Gerichtshof hat in der Hauptverhandlung den Vorbescheid erlassen. Die Beweisaufnahme erfolgt durch Requisition oder zwar vor dem Prozeßrichter, aber erst nach längerer Zeit. Das Richterkollegium hat sich inzwischen verändert. Es ist ein Mitglied gestorben oder versetzt. Der in der Schlußverhandlung erschienene Anwalt trägt die Lage nicht ganz vollständig oder nicht ganz richtig vor.

Dem Richter-Kollegium der Schlußverhandlung bleibt bei dieser Sachlage nichts Anderes übrig, als die vorbereitenden Schriftsätze und die Sitzungsprotokolle der früheren Verhandlungen genau durchzulesen und einfach auf Grund dieser schriftlichen Grundlagen zu erkennen.

Wenn Sie festhalten, daß wohl in den meisten irgend verwickelten Prozessen erst auf Grund stattgehabter Beweisverhandlungen das Erkenntniß ausgesprochen werden kann, daß ferner die Vorbescheide sehr häufig in Folge der Abwesenheit der Zeugen vom Orte des Gerichts durch Requisition erledigt werden müssen, und daß endlich zwischen dem Erlaß des Vorbescheides und der Schlußverhandlung wohl in den meisten Fällen ein derartiger Zeitraum liegen wird, daß der Richter unmöglich alle Spezialitäten aus der Hauptverhandlung bis zur Schlußverhandlung in seinem Gedächtnisse festhalten kann, so werden Sie mir zugestehen müssen, daß in den meisten Fällen das an die Spitze des Entwurfs gestellte Prinzip, daß die mündliche Verhandlung allein die Grundlage der richterlichen Entscheidung sein soll, nur eine Täuschung ist.

Die Antragsteller können aber auch dem Entwurfe ihre Zustimmung mit Rücksicht darauf nicht geben, daß derselbe der Inquisitions-Maxime Geltung verschafft und daß in demselben dem Richter eine Macht gegeben ist, welche sehr leicht in die größte Willkür ausarten kann.

In dieser Beziehung verweise ich zunächst auf die in dem Entwurfe dem Richter gegebene Befugniß zu den sogenannten Parteifragen.

Der Richter kann im Termine dem vertretenden Anwalte eröffnen:
„Das, was Du uns als Erklärung Deiner Partei angiebst, glaubt das Gericht nicht. Das Gericht wird die Partei selbst fragen."

Das Gericht erläßt dann einen dahin gehenden Beschluß, welcher Gründe nicht zu enthalten braucht. Es citirt die Partei direkt. Nur, wenn die Partei in der Gerichtssitzung persönlich nicht erscheinen kann, und sie daher per Requisition vernommen werden muß, ist die an sie zu stellende Frage in den Beschluß aufzunehmen.

Wenn die Partei die ihr gestellte Frage nicht oder nicht bestimmt beantwortet, so wird die Frage als auf die dem Gegner vortheilhaftere Weise beantwortet, angesehen.

Dasselbe gilt, wenn die Partei ausbleibt und ihr die zu beantwortenden Fragen vorher schriftlich mitgetheilt sind.

In dieser Vorschrift ist dem Richter die Handhabe gegeben, die Prozeßpartei zur Abgabe positiver Erklärungen zu nöthigen. Es ist dem Richter die Befugniß gegeben, über den Anwalt hinfortzugehen und die Partei zu zwingen, gegen ihren Willen direkt mit dem Richter in Verbindung zu treten. Es ist die Gefahr vorhanden, daß ein bequemer Richter diese Vorschrift benutzen wird, um sich thatsächlich verwickelte Rechtsverhältnisse, welche voraussichtlich einer weitläufigen Beweisaufnahme bedürfen, zu vereinfachen, das verwickelte Material sich mund- und kopfrecht, zur Fällung des Urtheils zu machen. Es ist die Gefahr, daß namentlich bei ungeübten Richtern und ungebildeten Parteien aus diesem erzwungenen direkten Verhandeln zwischen dem Richter und der Partei Mißverständnisse und Irrthümer entstehen, in Folge deren das wahre Recht benachtheiligt wird.

Dies Fragerecht des Richters ist aber auch gegen den Anwalt gerichtet. Wenn der Anwalt es sich gefallen lassen muß, daß über den Kopf desselben hinweg der Richter in Verhandlung mit der Partei tritt, daß die Partei bei Vermeidung bestimmter Nachtheile durch den Richter gezwungen wird, mit Umgehung des von ihr gewählten Anwaltes direkt mit dem Richter zu verhandeln, — dann ist es mit der Selbstständigkeit des Anwaltstandes vorbei! —

Eine solche Macht des Richters, wie in dieser Beziehung durch den Entwurf eingeführt wird, hat noch keine Prozeßordnung aufgestellt.

Die Inquisitions-Maxime tritt ferner in der schon vorher von mir erwähnten Vorschrift hervor, wonach der Vorsitzende durch Fragen darauf hinzuwirken hat, daß alle zur Feststellung des Sach- und Streitverhältnisses nöthigen Erklärungen abgegeben werden.

Der Entwurf giebt aber auch dem Richter das Recht, ex officio Ocular-Inspectionen vorzunehmen, Sachverständige ex officio zu hören.

Die Macht des Richters besteht nach dem vorliegenden Entwurfe nicht blos in der polizeilichen Direktion der Termine. Der Entwurf giebt ihm auch die Befugniß, zu dem Anwalte zu sagen:

„Du bist nicht im Stande, gehörig und sachgemäß zu plaidiren. Ich entziehe Dir das Wort!"

Geschieht das im ersten Termine, so geht der Anwalt ruhig fort. Wenn aber im zweiten Termine der Richter noch derselben Ansicht ist, so entzieht er dem Anwalt wieder das Wort und die Partei wird contumacirt.

Der Richter kann aber auch sagen:

> „Ihr Anwalte sprecht mir zu lange, ich schneide Euch das Plaidoyer, auch über faktische Thatsachen, ab. Der Gerichtshof ist genügend informirt!"

Dann schweigt der Anwalt.

Meine Herren! Ich glaube, daß diese Gewalt des Richters viel zu weit geht, daß sie schädlich ist.

Ich hebe ferner hervor, daß der Entwurf dem Richter die Befugniß giebt, die Aufnahme des Beweises durch Sachverständige abzulehnen, wenn er sich selbst die erforderliche Sachkunde beimißt, und daß ferner im Entwurf der Begriff der Notorietät so aufgestellt ist, daß sie auch dann berechtigt erscheint, wenn der Richter aus seiner reinen Privatwissenschaft Thatsachen feststellt.

Wenn man erwägt, daß der Partei gar keine Kenntniß darüber beiwohnen kann, ob der Richter sich einbildet, ein ausnahmsweiser Sachkenner in irgend einem Spezialfache, vielleicht als Bildhauer, Maler oder sonstiger Künstler zu sein; wenn man ferner erwägt, daß die Partei gar nicht in der Lage ist, einer solchen, ihr bis zum Erkenntniß gar nicht bekannten gutachtlichen Ansicht des Richters im Verfahren entgegenzutreten oder Gegenbeweis gegen die ihr verborgene, aber doch vielleicht unrichtige Privatkenntniß des Richters anzutreten, so ist wohl die Befürchtung nicht ungerechtfertigt, daß durch diese Macht des Richters sehr häufig das materielle Interesse geschädigt werden würde.

Der Entwurf geht aber selbst so weit, daß der Richter auch in den Fällen, wo die von ihm ernannten oder von den Parteien gewählten Sachverständigen übereinstimmend ein Gutachten abgegeben haben, auf dies übereinstimmende Gutachten nicht Rücksicht zu nehmen braucht, sondern an deren Stelle seine angebliche sachverständige Ansicht setzt und diese gegen den Willen der Parteien maßgebend wird.

Die Antragsteller sind auch gegen die im Entwurfe aufgestellte Regel:

> „daß das Gericht nach freier Ueberzeugung unter Berücksichtigung des gesammten Inhalts der Verhandlungen und einer etwaigen Beweisaufnahme zu entscheiden hat."

Wir sind der Ansicht, daß diese Regel für unsere Rechtszustände gefährlich ist.

Es ist nach unserem Dafürhalten besser, wenn der Richter an bestimmte Vorschriften gebunden ist, als wenn er nach freiem Ermessen entscheiden kann.

Es kommt dabei auch in Erwägung, daß es für den Richterstand selbst Gefahr bringend ist, wenn er, namentlich in politisch bewegten Zeiten oder in Sachen von hohen und höchsten Interessen, nach freiem Ermessen entscheiden soll. Der Richter steht gesicherter da und wird seinen Ruf der Unparteilichkeit weit eher bewahren, wenn er der Regel nach an positive Beweisvorschriften gebunden ist und nicht nach seinem freien Ermessen zu urtheilen hat. In einzelnen Prozeß-Gattungen wird allerdings mehr oder weniger das freie Ermessen des Richters eintreten müssen. Für unrichtig halte ich es aber, wenn das freie Ermessen als Regel aufgestellt wird.

Nach allem diesem bin ich der Ansicht, daß der vorliegende Entwurf nicht geeignet ist, dem Recht suchenden Publikum die Gewähr zu geben, daß das wirkliche Recht gefunden wird, daß aber ferner der Entwurf dem Advokaten eine Stellung giebt, die ihn entwürdigt, daß der Entwurf dem Richter eine Macht giebt, die dem Richterstande selbst gefährlich werden, welche aber auch leicht in eine Willkür des Richters ausarten kann.

Ich bitte deshalb um Annahme des vorliegenden Antrages.

Vorsitzender: Da das erwähnte Schreiben von dem Kollegen Beschorner vielfach mit den vom Kollegen Laué ausgesprochenen Ansichten übereinstimmt, so bitte ich zu gestatten, daß der Kollege Martiny die betreffenden Stellen verliest, da es interessant ist auch die Stimmen eines Nichtpreußischen Kollegen über den Entwurf zu hören (Zustimmung).

Rechts-Anwalt Martiny verliest dasselbe.

Rechts-Anwalt Makower: Meine verehrten Herren! Der Antrag Laué ist von 44 Mitgliedern unterschrieben, 70 sind überhaupt anwesend, das Resultat läßt sich also vorher berechnen. Nichts destoweniger beantrage ich Ablehnung, weil mir daran liegt, die Gründe geltend zu machen, welche diesem Antrage gegenüber stehen. Der erste Redner hat bereits angedeutet, daß die Entscheidung, welche Prozeßordnung wir dereinst bekommen, nicht hier getroffen wird, sondern an einer andern Stelle, wo nicht bloß einzelne Theile, sondern die verschiedenen Theile des Norddeutschen Bundes ins Auge gefaßt werden, und nicht bloß der Norddeutsche Bund, sondern das ganze Deutschland. Was ich an dem Antrage am meisten bewundere, das ist der Muth, der sich darin ausspricht, sich einer Rechtsentwickelung langer Jahre so diametral entgegen zu werfen. Beachten Sie gefälligst folgendes Moment: Ist die Verordnung vom 21. Juli 1846 etwas Nagelneues, oder glauben Sie, daß Jemand, der sich mit der Frage beschäftigt, wie eine neue Prozeßordnung zu schaffen ist, nicht ohne Weiteres auch an dieses denkt? — Und nun bitte ich einmal mir zu sagen: wo in aller Welt haben Sie irgend eine Regierung, irgend eine Kammer gefunden, oder irgend eine Aeußerung eines nur irgendwie namhaften Schriftstellers, der empfohlen hat, eine neue Prozeßordnung für den Bund auf die Verordnung vom Jahre 1846 zu gründen?! — Vorher hat der erste Referent Herr Kollege Werenberg Ihnen gesagt, die Hannöversche Prozeßordnung beruhe nicht auf jener Verordnung, der sogenannte Preußische Entwurf beruhe ebensowenig darauf, auch der neue Entwurf nicht; die in Braunschweig, Oldenburg ꝛc. geltenden Prozeßordnungen beruhen gleichfalls nicht darauf; die neuen Prozeßordnungen. die wir innerhalb des Norddeutschen Bundes in jüngster Zeit bekommen haben, beruhen auch nicht darauf! Nun wollen wir uns die allerneuesten Prozeßverordnungen außerhalb des Bundes ansehen, Würtemberg, welches vor 2 Jahren, und Bayern, welches vor einem Jahre seine Prozeßordnung eingeführt hat, nachdem die Ausschüsse der Kammer anderthalb Jahre lang darüber berathen hatten, — sollte denn allen diesen Gesetzgebern die Verordnung vom 21. Juli 1846, an der Sie festhalten wollen, nicht in die Augen gefallen sein! Wollen Sie eine Kritik dieser Verordnung lesen, so dürfen Sie nur unsern Justizminister, der als Schriftsteller eine Kritik unseres Gerichtsverfahrens in der Einladung zur Hannöver'schen Prozeßordnung gegeben hat, vernehmen. Er sagt dort: Es ist eine pure Täuschung, daß dies Verfahren nach der Verordnung vom 21. Juli 1846 ein mündliches Verfahren sei! und ich stehe auf demselben Standpunkte. Ich behaupte, wir haben in den Preußischen Provinzen gar kein mündliches Verfahren und sind in Bezug darauf sehr schlecht bestellt! Freilich, wenn wir das ein mündliches Verfahren nennen, was der Kollege Laué als solches bezeichnet hat, so ist mir auch das Gesetz von 1846 recht. Dies ist aber nur seine Auffassung von der Sache, und ich versichere Sie, wenn irgend ein Rheinischer Advokat hier zugegen gewesen wäre, ihm würden die Haare zu Berge gestanden haben beim Anhören dessen, was Freund Laué sich unter „mündlichem Verfahren" denkt. Glauben Sie, daß ein Rheinischer Advokat, um in einer Sache plaidiren zu können, sich wie ein Schulbube hinsetzt und Zahleu lernt? — Wenn wir Anwälte nicht die Fähigkeit haben, die Rechtsverhältnisse auseinander zu setzen, wenn wir das nicht können, dann ist es Zeit, wenn mit uns aufgeräumt wird; das müssen wir können. Die Richter, welche entscheiden, haben auch nicht alle Zahlen und Daten gegenwärtig, sondern sie einigen sich über die großen in der Sache liegenden Fragen. Will man nachher Zahlen haben, so nimmt man die Schriften zur Hand und fragt, wie stellen sich nach jenen Entscheidungen die Daten und Summen. Also, meine Herren, was ich ausführen wollte ist dies — und dadurch rechtfertige ich den von mir gebrauchten Ausdruck, — daß wenn in so vielen Jahren kein Schriftsteller, keine gesetzgebende Kammer, keine Regierung den Antrag gestellt hat, das Verfahren nach der Verordnung von 1846 zu verallgemeinern, es höchst wunderbar ist, wenn jetzt im letzten Stadium der Rechtsentwickelung der Antrag einläuft, zurückzugehen auf das, was wir in unserm allerengsten Kreise angewendet haben. Nennen Sie mir einen Rheinischen Juristen, der den Wunsch ausspricht nach der Verordnung von 1846, meine Herren, und ich erkläre mich für geschlagen! — Dagegen werden Sie Viele finden, welche sagen: Das, was wir haben, ist ja auf sehr guter Basis der Gerichts-

Ordnung entstanden. Aber das Rheinische Verfahren hat außerordentlich viele Vorzüge, durch welche der Prozeß sich leichter der Individualität des Falles anschmiegt und nicht in spanische Stiefel geschnürt, einhergeht. Ich bin in allen Punkten anderer Ansicht als Kollege Laué Er meinte, bei uns würde materiell sehr gut Recht gesprochen, und deutete damit an, das würde beim mündlichen Verfahren nicht möglich sein. Höchst wunderbar! Frankreich hat dieses mündliche Verfahren; man hat seine Prozeßordnung nachgemacht in Belgien, in der Schweiz, man hat sie nachgeahmt in der Hannöverschen Prozeßordnung; man hat sie nachgeahmt jetzt in allen neueren Entwürfen, und dieses Verfahren sollte nicht zum materiellen Recht führen können?! — Sagen Sie doch das einem Rheinländer ins Gesicht, und der Herr wird lachen und sagen: Meine Herren, Sie befinden sich im gänzlichen Irrthum! —

Alle Urtheile, die bei uns auf der Eventualmaxime beruhen, und auf dem Kontumazialprinzip, das bis ins peinlichste durchgearbeitet ist und sich bis auf Worte und halbe Sätze erstreckt, führen zu formellen Entscheidungen, nicht zum materiellen Recht. Die Nothwendigkeit, die Geneigtheit, in der sich der Richter bei uns befindet, über alle möglichen Dinge schwören zu lassen, also Alles in das Gewissen der Parteien zu schieben, führt zum formellen Recht, nicht zum materiellen. Hören Sie ein mündliches Verfahren ein paar Mal mit an, so finden Sie, es beruht Alles auf Intuition (évidence), und diese muß zum materiellen Rechte führen. Hat man Zweifel über den Sinn von Parteierklärungen, will man Lücken ergänzen, so fragt man die Partei, wie sie dies und das gemeint hat und was sie in einer bestimmten Richtung noch anzuführen hat. Daraus erklärt sich das Fragerecht der Richter, welches der Kollege Laué total mißverstanden hat; wird der Richter ausnahmsweise einmal gar nicht klar aus der Darstellung des Advokaten oder vermeint er, daß das Erscheinen der Partei die Sache vereinfachen wird, so sagt er zu dem Vertreter: Bringe doch das nächste Mal deine Partei mit. Sie mißbilligen dies und sagen, man entwürdige dadurch den Advokaten, als verstünde er seine Sache nicht. Wo steht denn das in dem Entwurfe? Das steht nicht darin; man legt jenes Motiv hinein. Und wie steht der Avokat jetzt bei uns? In der ganzen Gerichtsordnung hat man den Anwalt gar nicht gebraucht; wo kommen Sie denn in der ganzen Gerichtsordnung als berechtigte Faktoren vor, meine Herren!? Der ganze Prozeß nach der Verordnung von 1846 kann geführt werden, ohne daß ein Anwalt dabei thätig ist; er hat vielleicht ein paar Legalisationen zu machen in der Appellationsinstanz; im Uebrigen wird er nicht gebraucht. Es werden Termine angesetzt, die Erklärungen der Parteien aufgenommen; die Partei kömmt in die Audienz und trägt selbst ihre Sache vor. Sie wissen ja, daß unsere Winkelkonsulenten die schönsten Prozesse führen ohne unsere Beihülfe, und höchstens einmal einer Legalisation bedürfen. — Wenn nun in dem Entwurfe das Fragerecht des Richters zugelassen wird, von welchem in Hannover äußerst selten Anwendung geschieht, dann sagen Sie gleich, dadurch wird der ganze Anwaltstand heruntergebracht! während kein einziger Mensch daran denkt, daß man bei uns die Prozesse ohne Anwalt führen kann, daß man den Anwalt gar nicht braucht.

Ich möchte nur noch auf einige Punkte eingehen, und kann nicht Alles berühren, was Laué gesagt hat. Die Prozeßordnungen, welche auf dem mündlichen Verfahren im Gegensatz zu dem schriftlichen beruhen, kennzeichnen sich dadurch, daß sie einen Satz nothwendig enthalten müssen, den auch unser Entwurf enthält: „Der Richter erkennt auf Grund der mündlichen Verhandlung", d. h. mit andern Worten, es kann keine Nichtigkeitsbeschwerde eingelegt werden, weil Etwas beachtet worden ist, das mündlich vorgebracht, aber nicht schriftlich fixirt war. Es ist von anderer Seite bereits berührt worden, man wird das ganze Verfahren nach dem Entwurfe erst übersehen, wenn man weiß, wie die Nichtigkeitsbeschwerde geregelt ist, denn diese ist die Probe für das mündliche Verfahren. Wir haben ein schriftliches Verfahren; das sehen Sie an der Nichtigkeitsbeschwerde, denn es ist der Grundsatz quod non est in actis non est in mundo. Denken Sie, der Richter sagt im Urtheil die Partei hat dies zugestanden oder thatsächlich angeführt, so würde das Urtheil, auch wenn Jenes richtig wäre, kassirt, wenn die betreffende Parteierklärung nicht in den Akten ist. Umgekehrt: wenn eine wichtige Thatsache in den Schriftsätzen steht, so muß der Richter sie beachten, wenn sie auch nicht plaidirt worden ist. Bei dem mündlichen Verfahren gilt das Umgekehrte, da kann das Urtheil nicht kassirt werden, weil nicht nachgewiesen werden kann, wann und wo eine Thatsache fixirt ist. Auch durch das Urtheil kann sie als vorgetragen fixirt werden, obschon dies kein regelmäßiger Behelf sein soll. Nun hat Kollege Laué gefragt: was ist zu machen, wenn zwei Advokaten sich vor den Richter hinstellen und die Sache nicht vortragen, nicht reden? — Meine Herren, diese Frage würde mir keine Sorge machen; ich würde nicht erkennen! und trägt der eine Advokat mangelhaft vor, so würde ich auf Grund seiner mangelhaften Ausführung erkennen, und würde er sich beklagen, so würde ich ihm erwidern: Du bist ja Advokat, weißt, wozu du hier bist, und magst dich aus deinen Akten und Papieren vorbereiten. Zu ihrer Beruhigung möchte ich Ihnen gern folgende Erfahrung, die ich gemacht habe, mittheilen. Nachdem ich mich mehrere Jahre mit Prozeßrecht beschäftigt und das Französische Prozeßverfahren kennen gelernt hatte, so war ich immer doch noch sehr befangen in unserem hiesigen Verfahren. Ich fragte mich immer: geht denn das mündliche Verfahren auch?! — Ich sagte mir freilich, es müßte gehen, weil Millionen von Leuten unter diesem Verfahren leben; nichtsdestoweniger aber fühlte ich mich befangen, weil ich mir kein klares Bild davon machen konnte. Ich ging nach Cöln in's Landgericht. Die ersten Sachen, welche ich plaidiren hörte, waren ein Bauprozeß und ein Streit um die Kosten aus drei Prozessen, — bekanntlich beides sehr verwickelte Verhältnisse. Aus der mündlichen Verhandlung war ich vollständig informirt; ich hatte das Faktum kapirt, und hätte danach erkennen können.

Die Herren in Hannover haben das mündliche Verfahren doch auch erst später übernommen und werden bestätigen, daß es ganz gut geht. Ich habe mich auf dem Juristentage, wo wir zahlreiche Hannoveraner hatten, bei Verschiedenen danach erkundigt und gefunden, daß jeder Hannoversche Advokat für seine Prozeßordnung schwärmt. Das können Sie doch von unserer Prozeßordnung von 1846 nicht sagen. Ich betrachte den ganzen Versuch bei der Prozeßordnung von 1846 zu bleiben für einen verfehlten und bitte den Antrag Laué abzulehnen! —

Rechts=Anwalt Heidenfeld: Meine Herren! Nach dem Erfolge, den der Kollege Laué bei Ihnen gefunden, scheint es in der That schwer zu sein, für eine andere Ansicht einzutreten. Ich will den Versuch machen, aber nicht etwa in dem Sinne, um darzulegen, daß gerade das Gegentheil von all dem, was er gesagt hat, das Richtige sei. Daß die Unifikation des Prozeßverfahrens im Norddeutschen Bunde herbeigeführt werden muß, das ist der Gesichtspunkt, von dem ich ausgehe. Es handelt sich nicht darum, hier festzustellen, ob der Entwurf nach allen Richtungen hin stichhaltig ist, sondern vielmehr darum mit den Verfassern des Entwurfs sich die Frage vorzulegen: wenn nun einmal die Nothwendigkeit eines einheitlichen Prozeßrechts vorliegt, wie muß dasselbe beschaffen sein, um allen Territorien zu genügen? Wenn wir den Entwurf von diesem Gesichtspunkte aus beurtheilen, so werden wir sagen müssen: es ist das Mögliche geleistet. Ich halte den Entwurf für annehmbar, freilich nur in dem Sinne, daß diejenigen Abänderungen, welche meines Erachtens nothwendig sind, nicht den Grundbau des Systems zerstören, und ich glaube, nur darauf kann es ankommen. Kollege Laué hat sich bemüht, alles Mögliche gegen den Entwurf vorzubringen, aber seine Kritik würde ebenso jede Neuerung treffen. Seine Thesis verfolgt zwei Gesichtspunkte. Auf der einen Seite negirt sie den Entwurf, auf der andern behauptet sie, daß ein neues Prozeßrecht auf den Grundprinzipien des Gesetzes vom 21. Juli 1846 beruhen müsse, und ich habe gerade für den zweiten Theil der Thesis jeden Beweis vermißt. Seine Beweisführung konzentrirt sich in zwei Punkten. Das eine Moment war der Vorwurf, der Entwurf sei wegen seiner Mündlichkeit unausführbar und daher ungeeignet zur Annahme, das zweite Moment betonte, daß der Inhalt eine Selbsttäuschung involvire, weil er schriftliches Verfahren vorschreibe. Nun, enthält der Entwurf diese Täuschung, so befindet er sich auf dem Boden der Verordnung von 1846, auf dem Kollege Laué stehen bleiben will, und alsdann kann er dem Entwurfe nicht entgegenhalten, daß er aus dem von ihm angeführten Grunde unannehmbar sei. Wenn er wiederum gegen die Mündlichkeit geltend macht, daß der Anwalt nie so genial sei, sich alle in einem Prozesse vorkommende Zahlen merken zu können, so würde diese Schwierigkeit doch nicht die Regel bilden, und selbst, wenn dies der Fall wäre, so würde der Entwurf auch über dies Bedenken hinweghelfen. Denn, wenn die mündliche Verhandlung auch die ausschließliche Grundlage der richterlichen Entscheidung zu bilden bestimmt ist, so geht der Sinn des Entwurfes doch nicht dahin, daß nur das gelten solle, was in den mündlichen Verhandlungen vorgebracht ist. Denn er bestimmt, daß alle Abweichungen von dem Inhalte der Schriftsätze auf Antrag der Partei zu Protokoll genommen oder durch eine Anlage zu demselben festgestellt werden sollen. Nach meiner Auffassung hat sonach die münd=

liche Verhandlung im Wesentlichen nur eine Reproduktion des schriftlich bereits Angebrachten zum Inhalte und Zwecke. Nun, ich will Ihnen zugeben, daß dies Verfahren nicht das beste ist, was denkbarer Weise erreicht werden kann; ich will nicht sagen, daß der Entwurf absolut besser sei, als die Verordnung von 1846. Wenn ich jedoch ein Vermittlungsrecht auszuwählen habe aus den geltenden verschiedenen Systemen und dem Entwurfe, so muß ich anerkennen, daß dieser eine annehmbare Basis in seinen Prinzipien enthält. Die erforderlichen Aenderungen mögen von uns immerhin angebracht werden, aber die wirklich nothwendigen werden das System nicht zerstören. Der Entwurf ist allerdings vielfach zu weit gegangen, er hat Konsequenzeu gezogen, die nicht nothwendig waren, diese aber lassen sich streichen. Wir können auf dem Rechtsboden nicht bis zur äußersten Konsequenz vorgehen, summum jus, summa injuria. Wo wir derartige Konsequenzen finden, werfen wir sie weg, verdammen wir aber das System nicht als solches. Es ist ferner gegen den Entwurf geltend gemacht worden, daß er die Untersuchungs-Maxime in den Vordergrund gestellt habe. Das ist ein Irrthum, meine Herren! Unter der Untersuchungsmaxime verstehe ich eben Grundsätze, nach welchem der Richter Herr des Prozesses ist, er den Prozeß willkürlich behandeln und gestalten uud von Amtswegen Beweismittel aller Art aufnehmen kann. In diesem Umfange und Sinne ist sie offenbar im Entwurfe nicht vorhanden. Es scheint mir überhaupt fehlerhaft zu sein, wenn man heute noch die Untersuchungs-Maxime in Gegensatz stellt zur Verhandlungsmaxime. Es giebt kein Prozeßsystem, in dem nicht ein Uebergang von einer Maxime zur andern stattfände. Wenn nun der Entwurf dem Richter das Recht giebt, Fragen zu stellen, so scheint mir dies nichts zu Verpönendes zu sein, die Fragen haben ja nur den Zweck im Parteiinteresse das Sachverhältniß klar zu stellen. Wenn auch der Entwurf darin zu weit geht, daß der Richter auch Fragen an die Parteien stellen kann, welche durch einen Anwalt vertreten sind, so handelt es sich doch hier zunächst nur um die Frage, ob das Fragerecht des Richters im Prinzip ungerechtfertigt erscheint. Ich kann daher auch nicht anerkennen, daß der Entwurf durch das Fragerecht die Stellung des Richters zu einer willkürlichen macht. Aus diesen Gründen bin ich der Meinung, daß wir den Antrag Lané nicht unterstützen können, weil er zu weit geht. Die Fehler, die der Entwurf hat, mögen wir anerkennen, aber deshalb allein können wir noch nicht für Beseitigung desselben stimmen.

Vorsitzender: Es haben sich noch 7 Redner gemeldet, 4 für den Lané'schen Antrag und 3 gegen denselben. Ich schlage vor, daß wir mit den Rednern alterniren. Da nun der letzte Redner dagegen gesprochen hat, so werde ich Herrn Ulfert das Wort geben.

Außerdem ist ein Antrag zur Geschäftsordnung eingelaufen, dahingehend, daß kein Redner außer den Referenten über 5 Minuten sprechen soll.

Von mehreren Seiten werden 10 Minuten Redezeit beantragt. — Herr Rechtsanwalt Staemmler beantragt jede Beschränkung auszuschließen. — Die erste Abstimmung über den letzteren Antrag wird für „zweifelhaft" erklärt; bei nochmaliger Abstimmung erhält derselbe jedoch die Majorität, so daß eine Beschränkung der Redner nicht eintritt.

Rechtsanwalt Ulfert: Ich werde möglichst kurz sein, meine Herren, ich habe den Laué'schen Antrag mit unterzeichnet, und ich habe es mir gedacht, daß in Hinsicht auf ihn ein Mißverständniß eintreten würde aus Anlaß seiner Motivirung. Die Allegation der Verordnung von 1846 könnte von Nichtunbefangenen so ausgedeutet werden, als verfolgten wir partikularistische Interessen, und ich habe auch gegenwärtig bereits flüstern hören, daß die Hindeutung auf altländische Institutionen als eine Absperrung, als ein politisches Abwehren gegen Thatsachen anzusehen sei, die gleichwohl für Niemanden mehr in Frage stehen, die von uns Allen acceptirt werden müsse. Die Sache liegt in der That ganz anders. Wenn ich persönlich sprechen soll, so fasse ich die Einheit der Gesetzgebung, namentlich die Einheit der formellen Gesetzgebung als ein nicht unerhebliches politisches Moment auf, als ein politisches Moment, das neben vielen andern für die Realisation des Einheitsgedankens mit ins Gewicht fällt. Ich bemerke aber, daß in dieser Hinsicht auch viel zu viel geglaubt wird. Es bedarf kaum der Hinweisung auf die Geschichte, um darzuthun, daß die Einheit und die Gemeinsamkeit der prozessualischen Gesetzgebung an sich noch niemals im Stande gewesen ist, verschiedene Nationen oder einzelne Stämme zu vereinigen, sonst müßten beispielsweise wir Deutsche unter dem Regime des gemeinen Deutschen Prozesses schon vor Zeiten politisch geeinigt worden sein (sehr richtig!). Aber, wie gesagt, ich sehe hiervon ab. Ich verkenne die politische Bedeutung der gemeinsamen Prozeß-Gesetzgebung in gewissem Umfange nicht, halte sie aber nur für bedeutend und wichtig unter der Voraussetzung, daß sie eine gute sei, sonst einigt sie nicht, sondern sie trennt als widerwillig empfundenes Band. Und nun sind wir Unterzeichner des Laué'schen Antrages allerdings der Meinung gewesen, daß wir gerade schwärmen für das, was wir haben, weil wir's haben, daß die altpreußische Prozeßgesetzgebung in ihrer neueren Entwicklung eine ungemein glückliche und als Grundlage für das Bundesbedürfniß zn empfehlende Vereinigung derjenigen Momente sei, welche in ihrer Zusammenfassung geeignet sind, eine sichere Findung des materiellen Rechts zu garantiren. Es wird so unsäglich viel gesprochen von der Mündlichkeit und von der Schriftlichkeit des Verfahrens und von den Vorzügen der ersten vor der zweiten; aber ich glaube, man theoretisirt hierbei zu viel. Es kommt darauf an, ob für das Prozeßverfahren unter wesentlicher Berücksichtigung der Empirie eine gewisse Form hergestellt werden kann, wie sie das Bedürfniß erfordert, und ob nicht das, was dem reinen Prinzip der Mündlichkeit gemäß, in der konsequenten Verfolgung des Grundgedankens zu einer Täuschung führt. Beides meinen wir. Unsere altländischen Richter, m. H. — Ihnen vom Westen her, und Ihnen aus den Provinzen, die bisher uns fremd gewesen, — Ihnen können wir es sagen: unsere Richter sind gewohnt zu arbeiten und sie sind tüchtig vorgebildet, wobei wir allerdings in Bezug auf uns noch bemerken, wir glauben eben so tüchtig zu sein, —

und, in Parenthese bemerkt, ich erachte es für einen Heischesatz, auf den wir halten müssen, daß die Advokatur praktisch und wissenschaftlich auf demselben Punkt der Qualifikation stehen muß, wie der Richter. (Beifall.) — Unsere Richter, sage ich, würden mit jeder Form des Verfahrens mindestens ebenso gut wie andere fertig werden. Es handelt sich aber um die bessere Form und zwar nicht für den Richter, sondern für das Interesse der Parteien, und ich bin der Ansicht, daß in den Verordnungen vou 1833 und 1846 die für richterliche Aneignung des Stoffs entsprechende Mischung der Schriftlichkeit und Mündlichkeit ihre glückliche Lösung gefunden hat. Und wenn von unserm sehr geehrten Kollegen Makower die Frage aufgeworfen worden, wie es denn komme, daß weder bei den gesetzgebenden Faktoren in Belgien und sonst im Auslande, oder noch gegenwärtig bei der Bundeskommission von jenen Verordnungen die Rede gewesen sei, so will ich ihm die Aufklärung geben: Man kennt sie nicht! — Man starrt bei der Frage über das preußische Verfahren vor der alten Gerichtsordnung, und hat keine Ahnung davon, daß diese zum großen Theil abolirt ist. Wäre man im Jahre 1846 so klug, oder so fähig, oder so arbeitsgeneigt gewesen, statt die Verordnung von 1846 zu redigiren, eine volle Prozeßordnung zu bilden, zu der in der That eigentlich nur die Revision der Beweislehre noch mangelte, so können Sie sicher sein, man würde im Auslande sehr viel von dem preußischen Prozesse erfahren haben. Ich muß überhanpt sagen — es möge mir nun übel gedeutet werden oder nicht, ich sage es: — das unsrer Besprechung unterliegende Werk ist das richtige Kind seiner Väter! Was ist das für eine Commission, die bei einer Gesetzgebung, bei der es sich wesentlich um die Frage der Empirie handeln muß, zusammengesetzt ist, erstens: ohne Rücksicht auf die Advokatur, zweitens: wesentlich nur zusammengesetzt aus Richtern der höchsten Stellen und drittens zusammengesetzt ist ohne quantitativ entsprechende Repräsentation des größten Theils des Bundesgebiets d. h. der sechs alten Provinzen Preußens. Das letztere deute ich nur an. Aber Richter aus den höchsten Gerichtsstellen und Gerichten gleicher Geltung sind allein nicht geeignet, das prozessualische Bedürfniß selbst vom rein richterlichen Standpunkte zu kennen, weil sie wesentlich nur Rechtsfragen zu entscheiden gewohnt sind, und das thatsächliche Material und dessen Feststellung, welches in erster Reihe von einer guten Prozeßordnung beachtet werden muß, ihnen ferner liegt. Deshalb mache ich es zum Vorwurfe, daß die Kommission nicht tüchtige Richter der ersten Instanzen zu ihren Berathungen hinzugezogen hat. Auch die Advokatur mußte zugezogen werden. Wir Advokaten haben freilich einen einseitigen Standpunkt; aber so wenig wir darauf Anspruch machen dürfen, daß wir allein entscheidend sein sollten mit unseren Meinungen, ebensowenig dürfen es die Richter allein sein. Es mußte eine gegenseitige Ergänzung stattfinden. Denn der Richter allein erkennt das Bedürfniß des rechtsuchenden Publikums schwerlich völlig, und es kommt bei ihm leicht, daß er das für den richterlichen Gebrauch Handliche als Messer für die Güte des Gesetzes achtet. Soviel über die Kommission. Aus ihrer Zusammensetzung erklärt sich die mächtige Ausdehnung des richterlichen Ermessens und die Ueberschätzung der richterlichen Kraft in der Stoffbewältigung auf wesentlich mündliche Verhandlung nach dem Entwurfe. Die Herren, welche großen Theils an die Arbeit und die Pflicht sofortigen Beschlusses bei unsern Richtern kaum gewöhnt sind, haben sich richterlich einiger Maßen übernommen. Ohne die andern Orts so beliebte und gewöhnliche Aussetzung der Beschlüsse, also ohne Schein, wird nach dem Entwurfe schwer zu arbeiten sein.

Ich habe im Uebrigen hauptsächlich das Odium unseres Antrages beseitigen wollen und bin allerdings der Meinung, daß die einzelnen Theile des Entwurfs einer Debatte unterliegen müßten, die aber nicht zu weit gehn darf.

Herr Rechts-Anwalt Dr. Braun: Meine Herren! Ich vermag für den Antrag Laué und Konsorten nicht zu stimmen, und zwar besonders deshalb nicht, weil sich darin der Passus befindet: „der in seinen Grundprinzipien von der Verordnung von 1846 abweichende ꝛc.“ — Man mag über den Antrag denken, was man will, — die außenstehende Menge, die unseren Verhandlungen nicht beiwohnt, wird einen solchen Beschluß nicht anders verstehen, als wie eine Verwerfung des Entwurfs lediglich deshalb, weil er mit der Verordnung von 1846 nicht übereinstimmt. Dadurch exponiren wir uns dem Mißverständnisse, als wollten wir dem ganzen Norddeutschen Bunde und denjenigen Provinzen, in denen diese Verordnung nicht gilt, als Bundesprozeßrecht die Verordnung von 1846 aufoktroyiren und das ruft natürlich die lebhafteste Reaktion hervor; da wir aber ja noch genug theils überwindliche, theils unüberwindliche Mächte uns gegenüber haben, so halte ich es für einen großen taktischen Fehler, einen Beschluß zu fassen, von dem wir voraussetzen können, daß er auf die nachhaltigste Reaktion stößt, — eine Reaktion, die ich auch nicht in allen Theilen für unberechtigt halte. Die Verordnung von 1846 verfolgt wohl richtige Wege und Ziele, aber man kann sie doch nicht als Ideal hinstellen, da sie doch nur eine Novelle zu einer anderen Prozeßordnung ist, die ihr eigentlich prinzipiell schnurstracks entgegen läuft. Das reicht für mich aus, um gegen den Antrag zu stimmen.

Was den Antrag Ornold betrifft, so bin ich schon eher damit einverstanden, möchte aber noch Etwas hinzufügen und habe deshalb einen neuen Antrag eingebracht, den ich mit Herrn Primker zugleich stelle. Er lautet:

> Der Verein der Preußischen Rechtsanwälte wolle beschließen: Der Entwurf einer neuen Prozeßordnung für den Norddeutschen Bund, soweit er bis jetzt publizirt ist, kann nicht genügend gewürdigt und auch nicht genügend erwogen werden, so lange nicht überhaupt die Frage wegen der Stellung eines obersten Gerichtshofes entschieden ist.

Ich bin nämlich der Meinung, daß eine gemeinschaftliche Norddeutsche Prozeßordnung ohne einen gemeinschaftlichen obersten Gerichtshof ein Ding ohne Werth ist, gleichsam, wie es der selige Lichtenberg ausdrückte: ein Messer ohne Klinge, woran der Stiel fehlt. Wir haben jetzt einen obersten Bundes-Gerichtshof geschaffen für Handels-

und Wechselsachen ohne eine gemeinschaftliche Prozeßordnung; das ist ein Fehler. Nun wollen wir eine gemeinschaftliche Prozeßordnung schaffen ohne einen einheitlichen obersten Gerichtshof, — daß ist ein doppelt großer Fehler; denn, meine Herren, die gemeinschaftliche Prozeßordnung wird sich bei den tausenderlei Abweichungen bald zersplittern, so lange der einheitliche oberste Gerichtshof fehlt. Ich wenigstens habe mich vergebens bemüht, im Laufe der Zeit irgendwo ein einheitliches Verfahren zu entdecken, wo nicht irgend eine Zusammenfassung der Rechtsprechung in einen obersten Gerichtshof vorhanden war. Man hat die Commission wegen ihrer Zusammensetzung getadelt, man hat gesagt, es habe nur ein altländisches Mitglied in der Kommission gesessen. Ich kann damit nicht übereinstimmen, denn ich selbst habe die Ehre zwei altländische Mitglieder zu kennen, die Herren Pape und Löwenberg. Doch sprechen wir von der Sache, so erkläre ich: Ich finde in dieser Commission keinen Mangel an Intelligenz, an praktischer juristischer und technischer Bildung, daran ist die Commission vielmehr sehr reich; was ich tadele ist die Schwäche des Willens! Man ist wie die Katze um den heißen Brei herumgegangen, man hat die Frage wegen eines einheitlichen obersten Bundes-Gerichtshofes, der die Basis der ganzen Prozedur bildet, die Frage, ob ein Kassationsgerichtshof oder ein Appellationsgerichtshof eingesetzt werden solle, aus irgendwelcher politischen Achselträgerei vermieden. Wenn wir uns aber über den juristischen Werth des vorgelegten Entwurfs aussprechen wollen, so glaube ich, müssen wir diesen Fehler in erster Linie hervorheben, denn wie wollen wir z. B. die Frage der Beweisaufnahme erledigen, wenn wir nicht wissen, ob wir einen Ober-Appellations-, oder Revisions-, oder Kassationsgerichtshof haben? Davon hängt ja die ganze Prozedur der Beweisaufnahme ab! Im Uebrigen vermag ich aber in dem Entwurf die Mängel nicht zu finden, die von mehreren meiner Kollegen darin gefunden worden sind. Ich gebe zu, er ist nicht in Allem klar, und zwar gerade deshalb, weil er sich an der Hauptfrage, dem obersten Gerichtshof, vorbeigedrückt hat. Ich gebe zu, es giebt eine Menge Fragen darin, die man bessern kann, von denen ich aber auch überzeugt bin, sie werden verbessert werden, bei der zweiten Lesung. Aber im Großen und Ganzen, was die Grundprinzipien des Entwurfs anlangt, kann ich nur mit dem Kollegen Makower übereinstimmen. Sie sagen zwar: „Man vermißt darin die nöthigen Garantieen.“ Ja, meine Herren, wenn der Richter nicht ein verständiger und wohlmeinender Mann ist, und wenn nicht der Anwalt ein gewandter und ehrlicher Mann ist, dann mögen Sie haushohe Garantien in Ihre Gesetzgebung schreiben, dann hilft Alles nichts! Die Gesetzgebung muß von der Voraussetzung ausgehen, daß der Richter verständig und wohlmeinend und daß der Anwalt ein gewandter und ehrlicher Mann ist; aber man darf nicht dem Richter Zwangsjacken anlegen! Das ist ja gerade der Fehler der altländischen Gerichtsordnung, die da meint, der Richter sei ein Droschkengaul, den man an jeder Straßen-Ecke noch einmal besonders herumreißen müsse.

Was die Frage der Schriftlichkeit oder Mündlichkeit anlangt, so wird viel mehr darüber gestritten, als nöthig ist. Es ist überall eine Mischung von beiden vorhanden, und zwar scheint die Mischung in der Verordnung von 1846 nicht gerade die glücklichste zu sein, denn da liegt doch der Schwerpunkt allzusehr in dem schriftlichen Verfahren. Dem mündlichen Schlußtableau ist ja wohl sein Recht geschehen, aber die Anwälte haben im Allgemeinen bei dem schriftlichen Verfahren nicht die Stellung und die Wirksamkeit, die sie bei dem mündlichen besitzen. Bei dem mündlichen Verfahren wird übrigens doch stets das schriftliche Gerippe nöthig bleiben, d. h. die Thatsachen müssen schriftlich niedergelegt werden, sonst kann man ja nicht referiren. Auch da müssen ja die Urkunden vorliegen, denn wenn z. B. der Anwalt aus einem Vertrage nur die ersten drei Praragraphen produzirt, so wird ihm der Vorsitzende des Gerichtshofes auch bei dem blos mündlichen Verfahren gleich sagen: „Ja lieber Herr, ich kann mich aus drei Paragraphen nicht orientiren, haben Sie doch die Güte und lesen Sie auch die folgenden vor!" — Also ohne alle schriftliche Bürgschaft der Mündlichkeit wird es nirgends abgehen, und geht es auch nicht in England, Frankreich und Nordamerika. Mir aber scheint bei dem Streite zwischen der Mündlichkeit und der Schriftlichkeit des Verfahrens die Unmittelbarkeit des Verfahrens der Hauptfehler zu sein, namentlich die Unmittelbarkeit der Beweisaufnahme, denn wir wissen es ja alle aus unserer Praxis, wie es bei der Zeugenvernehmung zugeht. Ein Richter wird requirirt, er soll diesen oder jenen Zeugen über diesen oder jenen Satz vernehmen, ein anderer als der erkennende Richter, der nicht weiß, in welchem Zusammenhange der Satz mit dem Angriffe oder der Vertheidigung und den übrigen Momenten der Klage steht; und der Zeuge weiß es auch nicht, zu welchem Zwecke man ihn vernimmt. So wird eine Beweisaufnahme vorgenommen von lauter Menschen, die gar nicht wissen, worauf es ankommt. Dazu werden bei den requirirten Gerichten Anwälte substituirt zur Vertretung bei der Beweisaufnahme in einer Sache, mit der sie nicht vertraut sind, und so werden auch hier wieder Beweisaufnahmen zusammengestellt von Personen, die nichts von der Sache selbst wissen. Ich möchte an das französische Sprüchwort erinnern: „Es ist der Ton der die Musik macht, nicht die Worte!" Das gilt auch von den Aussagen der Zeugen in den Prozessen.

Die Frage ist die: Wie wird das Verfahren am besten geregelt, auf daß das materielle Recht am besten zu Tage kommt? und da echauffiren sich die Einen für die Mündlichkeit und die Anderen für die Schriftlichkeit, als wenn die Mündlichkeit oder die Schriftlichkeit des Verfahrens der Selbstzweck wäre. Ja, das Eine wie das Andere ist Mittel zum Zweck. Ich habe hier eine Brochüre, sonst ganz vernünftig geschrieben, die vor der Mündlichkeit warnt und am Ende die Frage aufwirft: „ob denn die Erfindung der Schreibekunst als nicht mehr vorhanden betrachtet werden soll?" Ja, das Schreiben ist ja doch blos Mittel, die Wahrheit der Zweck! Der Zweck ist aber besser zu erreichen bei der Unmittelbarkeit des Verfahrens und der Beweisaufnahme. Das also ist ein Vorzug vor dem altländischen Verfahren.

Ich will nun blos noch einen Vorzug vor dem Hannöverschen und einen Vorzug vor dem Rheinisch-Französischen Verfahren zeigen, den man meiner Meinung nach dem Bundesentwurfe nicht absprechen kann. Der Vorzug vor dem Hannöverschen Verfahren besteht in dem einheitlichen Charakter des Verfahrens, das Hannöversche Verfahren zerstückelt den Prozeß durch Interlocute. Das ist noch der alte Zopf des gemeinen Prozeßverfahrens, und diesen Zopf hat der Entwurf abgeschnitten. Insofern ist er besser als das Hannöversche Verfahren. Dann ist er aber auch besser als das Französisch-Rheinische Verfahren, wenigstens in dem einen Punkte, daß er die Deutsche Eventualmaxime aufrecht erhält, während das Französische Verfahren erlaubt, zu allen Zeiten mit neuen Beweismitteln u. s. w. nachzuhinken, dafür aber auch dem Richter das Recht giebt, zu allem Vorgebrachten den Kopf zu schütteln, sobald er glaubt, es werde der neue Beweis jetzt erst vorgebracht, um den Prozeß zu verschleppen. An eine solche diskretionäre Gewalt, auf Deutsch: Willkür des Richters wird sich der Deutsche schwer gewöhnen, während der Franzose in dieser Beziehung schon etwas mehr vertragen kann. Das ist nach meiner Meinung auch ein großer Vorzug des Entwurfs. — Ich sehe also mehr Licht als Schatten und bin deshalb nicht gegen den Entwurf. Ich stimme nicht ein in das condemno der einen und das absolvo der anderen Seite; ich sage einfach: non liquet! Liegt uns die ganze Sache vor, wissen wir, woran wir sind mit dem einheitlichen obersten Gerichtshofe für das ganze Bundesgebiet, dann kann ich meine Meinung darüber sagen; indessen wird uns das nicht hindern, den Entwurf als solchen in seinem Detail der Berathung zu unterziehen. Ohne eine solche Detailprüfung ihm cavalièrement das Todesurtheil sprechen, lediglich damit die Verordnung von Sechsundvierzig am Leben bleibe, das ist ein Mißgriff, wovor ich warne: Er wird den entgegengesetzten Effekt haben, das glauben Sie mir.

R.-A. **Stämmler**: M. H.! College **Braun** hat so eben gesagt, er könne nicht für den Antrag **Laué** stimmen, weil darin die Worte ständen: „in seinen Prinzipien von dem Entwurfe von 1846 abweichende —". Ich gebe zu, daß für manche Kollegen dieser Punkt ein Bedenken haben kann, und beantrage daher, erst darüber abzustimmen, ob der Antrag ohne diese Worte angenommen wird. In dieser Fassung könnten jedenfalls die Herren, die nicht aus den altländischen Provinzen sind, auch für ihn stimmen; denn es kommt ja jetzt nur darauf an, daß wir uns darüber aussprechen, ob der Antrag im Prinzip angenommen werden soll. Ich glaube auch, alle altländischen Juristen haben gar kein Bedenken, den Satz mit aufzunehmen und dafür zu stimmen. Wir können den außerhalb Stehenden zeigen, daß wir gesonnen sind, die vorhandenen Gesetzgebungen zur Grundlage einer neuen zu machen. Es ist im ersten Referate hervorgehoben worden, daß $15\frac{1}{2}$ Millionen unter dem altländischen Gesetze wohnen und die anderen Gesetzgebungen auf einzelne Theile zerfallen, auf verschiedene kleine Theile. Es ist also die ganze Frage diese: Soll eine von den Gesetzgebungen, welche bestehen, aufgenommen, oder solle eine neue eintreten? — Die Kommission hat nun ein neues Gesetz entworfen, welches aber nicht **ein**

System festhält, sondern wesentlich Flickwerk ist — die Fehler desselben sind schon vom Collegen Laué entwickelt worden. — Es leidet aber noch an zwei großen Grundfehlern, die noch nicht deutlich entwickelt sind.

Der erste ist, daß die Schriftsätze nicht so überflüssig sind, wie in dem neuen Entwurf angenommen wird. Nach der Prozeßordnung von 1846 werden die Schriftsätze eingereicht und gehen zu den Acten; dasselbe geschieht auch nach dem Entwurf; allein während ich nach jener Verordnung durch die Schriftsätze gebunden bin, kann ich nach dem Entwurf in der mündlichen Verhandlung sagen, was ich will, und kann da den ganzen Prozeß umwerfen. Wenn ich Verklagter wäre und wäre nicht informirt, so bestritte ich sämmtliche Thatsachen, die in der Klage aufgestellt sind. Nun komme ich in die mündliche Verhandlung und bringe dort lauter neue Momente an, und nur was ich in der mündlichen Verhandlung vorbringe, wird aufgenommen, und so kommen wir zu dem Resultat, daß wir in die mündlichen Verhandlungen immer Neues anbringen und dadurch ein immer weiteres Hinausschieben des Prozesses erreichen können. Es ist der Vorzug der Verordnung von 1846, daß in den Schriftsätzen das Ganze des Prozesses gegeben wird, daß dann vom Referenten der Vortrag gegeben werden muß über Alles, was von beiden Seiten vorgebracht worden, und daß der Anwalt, wie die Partei die Ausführung des Richters kontrolirt und ergänzt, wo sie mangelhaft ist. Die mündliche Verhandlung ist stets ein wichtiges Glied für die ganze Entscheidung. Es ist gewiß schon den meisten von uns vorgekommen, hier und an anderen Orten, daß wir den Kollegien bei der jetzigen Prozeßordnung von 1846, wenn wir nach der Beweisaufnahme gegen ihr aufgestelltes Resolut plaidirten, das ganze Resolut mit Erfolg angegriffen, so daß sie es aufgegeben und verlassen haben. Wir sind nicht nur da gewesen, um blos einen Namen einschreiben zu lassen, sondern um wirklich zu wirken. Wir haben von Anfang an die Möglichkeit, auf die Entscheidung eine Einwirkung auszuüben. Es ist mir zwar von verschiedenen Seiten gesagt worden, es wäre ein Vorzug des neuen Entwurfs, diese ideale mündliche Verhandlung, ein Vorzug, daß der Anwalt gezwungen würde, die ganze Sache eingehend vorzutragen, und daß der Richter aufpassen müsse, wäre ein großer Gewinn. Es wären nicht schon zwei Mitglieder des Collegii präoccupirt durch die Kenntniß der Schriftsätze, sondern es müßten alle drei Mitglieder aufpassen, und dann käme die wunderschöne Entscheidung. M. H.! jetzt haben wir ganz dasselbe; jetzt müssen auch alle drei aufpassen, — es kommt blos darauf an, ob man es thut, — und das ist nach dem neuen Entwurf nicht besser. Was ich von dem Rheinischen Verfahren gehört habe (ich kenne es selbst nicht) und von dem Hannöverschen, spricht dafür, daß es mit dem Urtheilen der Richter wesentlich dieselbe Sache ist, wie bei uns. Die Richter lassen sich vom Anwalt die Manualakten vorher geben und wenn sie dann noch nicht genügend informirt sind, noch einmal im Termine und setzen die Sache dann aus.

Wenn die Sache nun so ist, so ist sie doch der reine Humbug. Wir sagen, die Richter sollen vorher vorbereitet sein und dann sollen sie auf Grund ihrer Akten urtheilen. Nach dem Entwurf will man die Geschichte hinter den Coulissen machen. Einfache Sachen, wie Darlehnsklagen, Alimentensachen u. s. w. entscheiden wir auch jetzt sehr kurz; weitläufige Sachen können wir aber nicht anders, als nach eingehender Information der Richter entscheiden. Mit dem Herrn Kollegen Schwarz hatte ich einen Bauprozeß, der tausend Posten hatte; fünfhundert wurden bestritten und fünfhundert zugestanden. Da sagte mir Kollege Schwarz, als wir die Audienz verließen: „Wie führen wir wohl einen solchen Prozeß nach dem neuen Verfahren?“ — Wenn wir nach dem neuen Entwurf einen solchen Bauprozeß führen sollen, meine Herren! so darf ich mich ja nicht hinstellen, und sagen: Ich wiederhole das in den Schriftsätzen Gesagte. Herr Kollege Makower hat zwar gesagt, man brauche keine Zahlen auswendig lernen; es ist aber ausdrücklich in dem Entwurfe gesagt: Bezugnahme auf Vorhergegangenes, Zurückgehen auf Schriftstücke, ist ausgeschlossen! Und wenn ich nun so zwei Stunden spreche und Alles vortrage, was in einem solchen Prozesse an Spezialitäten anzuführen ist, dann möchte ich wohl den Richter sehen, der Alles im Kopfe haben soll und im Stande wäre, ein richtiges Urtheil abzugeben! Er muß die Akten in die Hand nehmen, und dann haben wir dieselbe Geschichte, wie bei der Schriftlichkeit. Da laßt uns doch gleich lieber beim Alten bleiben, statt dem Publikum Sand in die Augen zu streuen und zu sagen: „das Neue ist viel besser; — wir haben eine schöne mündliche Verhandlung!“ und haben doch keine. — Die Richter werden sagen: „Wir sind praktische Leute und werden den Entwurf praktisch anwenden“. Das ist zwar ein Trost. Wenn sie aber den Entwurf nach dem Wortlaut anwenden sollen, wird nicht ein Drittel von ihnen sofort in allen Sachen entscheiden können.

Durch das ganze neue Verfahren wird keine Sicherheit in der Rechtsprechung erreicht. Die Anwälte können nicht gründlicher arbeiten als jetzt, die Richter können nicht besser danach erkennen als jetzt, — sie müssen nur mehr aufpassen, wenn sie sich ein Urtheil bilden wollen, und können doch kein besseres Erkenntniß fällen! Geben wir darum Das nicht aus der Hand, was wir haben, gegen Etwas, was vielleicht in der Theorie, in Kammerreden ꝛc. sehr schön gefunden wird, was aber für praktische Leute, die es durchmachen müssen, sehr schlechte Resultate liefert. Der zweite Punkt ist Der, daß eine schnelle Entscheidung der Prozesse herbeigeführt werden muß. Denn auf eine schnelle Entscheidung der Prozesse legt ja das Publikum ein großes Gewicht. Ich habe in Hannover noch keinen Prozeß geführt, habe aber von Hannöverschen Kollegen gehört, daß dort die Prozesse sehr lange dauern. Ich habe einmal eine Kostenrechnung von einem dortigen Amtsgerichte gesehen: der Prozeß hatte schon 13 Monate gedauert, und eben sollte die Beweisaufnahme erfolgen; und es muß ja lange dauern, das folgt aus dem Entwurf. Der dritte Punkt, auf den es für das Publikum ankommt, ist der, daß das Gerichtsverfahren nicht allzu kostspielig ist. Nach meiner Kenntniß der Sache ist das Hannöversche und Rheinisch-Französische Prozeßverfahren viel theurer als unser altländisches. Nach diesem Entwurfe muß jede Partei zahlen für Alles, was sie beantragt.

Wir bekommen so eine ganz schöne Apothekerrechnung zusammen, — schon wenn die Akten vom Anwalt einzusehen sind, muß dafür nach Hannöverscher Ordnung an das Gericht gezahlt werden — so daß das Publikum sich sehr hinter den Ohren kratzen wird. Ich denke, wir können schon jetzt einen Nachdruck darauf legen, daß diese drei Punkte wesentlich gegen den Entwurf sprechen. Das wesentlich Wichtigste, was uns in dem Entwurfe vorliegt, ist das Verfahren in der ersten Instanz, und wir müssen uns jetzt gegen denselben erklären, damit die Gesetzgebung sich die Sache noch überlegen kann. Bringt man ihn später erst in den Reichstag, so tritt der Bundeskanzler und einige Parteiführer für denselben auf, und unser Kollege Lasker dazu, und dann ist es zu spät, unsere Meinung darüber zu äußern. Ich bitte daher, jetzt ohne Weiteres für den Antrag Laué's zu stimmen.

Justizrath Dorn: Meine Herren! Ich wollte mit einigen Worten die Beweggründe darlegen, welche den Vorstand veranlaßt haben, den heutigen Anwaltstag zu berufen.

Die Veröffentlichung des ersten Theils des Prozeß-Entwurfes bis zu dem Abschnitt über die Rechtsmittel ist erfolgt gegen die sonstige Gewohnheit, wonach ein Werk erst veröffentlicht zu werden pflegt, nachdem es vollendet vorliegt. Die Bundes-Commission hat sich bei dieser Veröffentlichung wohl ohne Zweifel durch das Motiv leiten lassen, daß es den juristischen Sachverständigen erwünscht sein werde, schon jetzt von dem fertigen Theile des Werkes Kenntniß zu erlangen, um sogleich ihre Ansichten darüber aussprechen zu können. Der Vorstand des Anwaltsvereins aber war der Meinung, daß die gebotene Gelegenheit freudig begrüßt und benutzt werden müßte, und daß es zweckmäßig scheine, die Kollegen zu versammeln, um nach gemeinsamer Berathung unsere Ansicht auszusprechen. Gefragt sind wir nicht worden, und es sind überhaupt noch keine Gutachten eingefordert. Wenn wir also uns über den Entwurf aussprechen, so geschieht es freiwillig. Wir werden uns bewußt bleiben müssen, daß unser unerbetenes Votum an sich, wenn es nackt hingestellt wird, keine Bedeutung beanspruchen kann; daß vielmehr nur die Gewalt der Gründe, die wir vorzubringen wissen, geeignet sein wird, einen Einfluß auf die Bundes-Kommission auszuüben, damit eine Abänderung der Vorlage nach dieser oder jener Seite hin in das Auge gefaßt werde. Die Debatte hat eine Wendung genommen, als ob die Bundes-Commission hier vor Gericht stände und mit einer kurzen Verurtheilung derselben auch ihr Werk zu beseitigen wäre. Durch ein solches Vorgehen verkennen und verlieren wir unsere Stellung. Wir müssen nothwendig auf das Detail der Vorlage eingehen.

Der Schwerpunkt einer jeden Prozeßordnung muß in der ersten Instanz liegen. Fehlt es der ersten Instanz an den nöthigen Garantien, so wird trotz vortrefflich organisirter Rechtsmittel die Prozeßordnung getadelt werden müssen. Das Verfahren I. Instanz liegt uns vor; wir können, vor der Hand unbekümmert um die Gestaltung der höheren Instanzen, uns darüber entscheiden, ob und wo Mängel sich zeigen. Unabweislich erschien es aber dabei dem Vorstande, eine Erörterung des

Entwurfes Titel für Titel anzubahnen, weil das schließliche Votum des Anwaltstages unserer Vorstellung nach nur durch den Rückblick auf die vorangegangenen Verhandlungen, insofern diese eine Ueberzeugung zu fördern vermochten, eine Bedeutung beanspruchen konnte.

Der Antrag Laué und Genossen schlägt den entgegengesetzten Weg ein; er verlangt kurzweg auszusprechen, daß der veröffentlichte Entwurf einer Civilprozeßordnung für den Norddeutschen Bund zur Annahme nicht geeignet ist. — Gesetzt, meine Herren, wir sprächen uns sofort für den Antrag aus; wir überreichen unsern diktatorisch klingenden Beschluß mit einem höflichen Schreiben der Bundes-Kommission. Welchen Nutzen würde dieselbe aus unserem Beschlusse ziehen und welche Aufklärung würde sie daraus gewinnen können? Der Herr Antragsteller selbst hat einigermaßen gefühlt, daß der nackte Ausspruch der Verdammung wohl nicht ganz genüge. Es soll der Grund des Ausspruches gleich mit in den Ausspruch aufgenommen werden. Denn wenn Herr Laué auszusprechen verlangt, daß „der in seinen Grundprinzipien von den Vorschriften der Verordnung vom 21. Juli 1846 abweichende Entwurf" einer Prozeßordnung zur Annahme als Gesetz nicht geeignet sei, so heißt dies nichts Anderes, als: der Entwurf ist nicht zur Annahme als Gesetz geeignet, weil er in seinen Grundprinzipien von der Verordnung von 1846 abweicht.

Dadurch, daß der gedachte Grund gleich mit in den Ausspruch verwebt werden soll, gewinnt der Letztere auch nicht viel an Licht. Ich weiß nicht und habe auch heute nicht gehört, worin denn eigentlich die absonderlichen und schätzenswerthen Grundprinzipien der Verordnung von 1846 bestehen sollen, welche sich in dem Entwurfe nicht antreffen lassen. Die Verordnung von 1846 stellt ihrerseits gar keine Grundprinzipien auf; sie generalisirt die Vorschriften der Verordnung vom 1. Juni 1833, und etablirt für die sogenannten schleunigen Sachen das halsbrechende Verfahren, wonach in drei Tagen die Rechtsmittel eingelegt und gerechtfertigt werden müssen. Im Uebrigen enthält die Verordnung nur sehr unwesentliche Bestimmungen, die man als Grundpfeiler einer Prozeßordnung sicherlich nicht bezeichnen kann. So würden es also wohl die Grundprinzipien der Verordnung von 1833 sein, von denen eine neue Prozeßordnung durchaus nicht soll abweichen dürfen. Und welches sind denn die Prinzipien der Verordnung von 1833? Wir finden dort nur eine höchst beschränkte Oeffentlichkeit der Verhandlung, welche erst sehr allmälig erweitert und schließlich durch die Verordnung vom 2. Januar 1849 eine wirkliche wurde. Sodann eine mündliche Verhandlung, auf welche es so wenig ankommt, daß unter Umständen das Gesetz selbst gleich einen Verzicht auf dieselbe gestattete. Drittens endlich wurde die sogenannte Eventualmaxime in einer Schroffheit eingeführt, wie eine sonstige Prozeßordnung sie nicht kennt. Die sonstigen Bestimmungen des Gesetzes wird wohl Niemand für Grundprinzipien erklären wollen. Das Gesetz ließ die Gerichtsordnung, welche auf diametral entgegengesetzten Prinzipien beruhte, neben sich bestehen, so daß ein etwas bastardartiges Werk geboren war, welches jedoch, weil es der an sich vortrefflichen, aber nur für patriarchalische Verhältnisse berechneten Gerichtsordnung gegenüber einen entschiedenen Fortschritt darstellte, sich bald genug einbürgerte. Nun bin ich überzeugt: wenn damals Richter und Anwälte vorher gefragt worden wären, ob die Verordnung vom 1. Juni 1833 zum Gesetze zu erheben sei, so würde der größere Theil einen Nothschrei erhoben und gebeten haben, an der guten und sicheren Gerichtsordnung festzuhalten. Man hängt ja an dem, woran man sich gewöhnt hat. Auch ist zuzugeben, daß mit einer mangelhaften Prozeßordnung auszukommen ist, wenn die Richter tüchtig sind, wie umgekehrt die beste Gerichtsordnung unzulänglich ist, wenn die handhabenden Personen nichts werth sind. Soll aber ein neues Werk geschaffen werden, so ist es geboten, das beste anzustreben und nicht genügsam an dem bestehenden festzuhalten, weil es immerhin als erträglich sich erwiesen hat. Ich glaube, der Widerstand, welcher vom Kollegen Laué und Genossen aufrecht erhalten wird, wurzelt wesentlich darin, daß Bekanntes und Gewohntes verlassen werden soll. Diejenigen Prinzipien der Verordnungen von 1833 und 1846, welche doch in dem Antrage als festzuhaltende Basis nur gemeint sein könnten, die Prinzipien der Oeffentlichkeit und der Mündlichkeit, sie werden ja gewiß und unzweifelhaft in dem Entwurf angetroffen. Der Antragsteller erhob freilich vorhin in dieser Beziehung einen etwas befremdlichen Einwand. Nachdem er herb getadelt hatte, daß der Entwurf alles Gewicht in die mündliche Verhandlung lege, während nach dem Muster der Verordnungen von 1833 und 1846 die Schriftsätze die ausschließliche Grundlage der Entscheidung bilden müßten, steigerte er seine Angriffe durch die Behauptung, daß diese ausschließlich mündliche Grundlage doch nur ein Blendwerk sei. Denn der §. 331 des Entwurfes weise demnächst den Richter auf den Inhalt der Schriftsätze hin, mache also die Schrift zur Grundlage der Entscheidung.

Nun wohl, wenn der §. 331 diejenige Bedeutung hätte, welche hier ihm beigemessen wird (und die er in Wirklichkeit nicht hat), so wäre für den Herrn Antragsteller um so weniger Grund vorhanden, den Entwurf zu bekämpfen. Die Einwendungen zeigen, daß es doch empfehlenswerth sein möchte, wenn wir erst mit dem Entwurfe im Einzelnen uns beschäftigen, bevor wir ein Verdikt über das Ganze abgeben. Wer den Entwurf nicht blos gelesen, sondern studirt hat, wird geneigt sein, ihm mit Achtung zu begegnen. Einem solchen Werke gegenüber aussprechen: weil es nicht mit der Verordnung von 1846 harmonirt, darum wollen wir uns auf seine Details überhaupt nicht einlassen, sondern es kurz von der Hand weisen, das dürfte einer Versammlung, welche die Anwälte des gesammten Staates repräsentiren will und soll, nicht wohlanstehen. Ich wiederhole, daß das von uns darzubietende Resultat unserer Berathung nur von Bedeutung sein kann durch den Inhalt der Gründe, die wir zu geben vermögen. Wir müssen daher, unter Verwerfung des Laué'schen Antrages, in die Berathung des Entwurfes im Einzelnen eintreten. Unser eigenes Interesse und unsere Ehre fordern es.

Rechts-Anwalt Schwarz (persönliche Bemerkung): College Staemmler hat eine Aeußerung von mir erwähnt, die ich in Bezug auf das alte Gerichtsverfahren gemacht habe; ich habe sie gemacht. Es handelte sich, wie bemerkt, um einen Bauprozeß von ganz außergewöhnlicher Ausdehnung und großer Verwicklung. Als ich aus dem Gerichtssaal heraustrat, sagte ich zum Kollegen Staemmler: Nun, wie würden wir wohl solchen Prozeß nach dem neuen Entwurf ausführen können! — Ich bin aber doch nach genauer Lektüre des Entwurfes durch den Paragraphen 331 überzeugt worden, daß dieser große Prozeß nach dem neuen Entwurf ganz gut entschieden werden kann. Auch §. 27 giebt vollständig die Möglichkeit, eine Sache gründlich zu behandeln.

Vorsitzender: Es ist ein Antrag auf Schluß der Debatte gestellt worden; außerdem sind zwei Amendements eingelaufen. Kollege Lewald stellt seinen Antrag sub II. als Amendement zu dem gegenwärtigen; er lautet:

„Es liegt kein Grund vor, daß 16 Millionen Altländer die Preußische Gerichts-Ordnung und 3 Millionen Rheinländer das Rheinische Prozeß-Verfahren aufgeben sollen zu Gunsten eines neuen Rechtes, das den allerkleinsten Geltungsbereich hat, oder gar zu Gunsten eines Systems, welches auf Veranlassung der Deutschen Bundes-Versammlung zu Frankfurt a. M. vom 17. Juli 1862 aus juristischen Vertretern von Oesterreich, Baiern, Sachsen, Württemberg ꝛc. zur Ausarbeitung gelangt ist und bei welchem Verfahren die Preußische Staats-Regierung sich grundsätzlich nicht betheiligt hat. Es wird vielmehr die Ueberzeugung ausgesprochen,

daß das Preußische Gerichts-Verfahren, wie es in der Verordnung vom 1. Juni 1833 und in der Verordnung vom 21. Juli 1846 ausgebildet ist, fortbildungsfähig ist und daß namentlich die letztere Verordnung eine geeignete Grundlage für die Norddeutsche Prozeß-Ordnung bildet und ihr zu Grunde zu legen ist.“

Alsdann ist vom Kollegen Martiny beantragt: „Die Beschlußfassung über den Antrag Laué auszusetzen bis nach Schluß der ganzen Durchberathung des Entwurfs.“ —

Ich wäre dafür, daß wenn der Schluß angenommen wird, Kollege Laué als Antragsteller noch einmal das Wort erhält.

Der Schluß der Debatte wird angenommen und es erhält das Wort:

Rechts-Anwalt Lewald (zur Begründung seines Amendements): Obgleich ich den Antrag Laué nicht mit unterzeichnet habe, so stehe ich doch auf demselben Standpunkt. Aber ich glaube, es hat sich ein Mißverständniß eingeschlichen in Bezug auf die Wirkung der gestellten Anträge. Wenn auch 44 ehrenwerthe Kollegen sagen, man solle nur einen Entwurf auf Grundlage der Verordnung vom 21. Juli 1846 annehmen, so soll damit nicht gesagt sein, — wie es Kollege Ulfert vorhin schon vollständig erläutert hat, — daß wir nun die Debatten abschneiden und nach Hause gehen wollten. So wenig die Titel über das eigentliche Verfahren vor Gericht unsere ganze Prozeßordnung umfassen, so wenig können wir sagen, daß mit Annahme des Laué'schen Antrages nun das ganze übrige Verfahren über den Entwurf der Prozeßordnung abgeschnitten sein soll. Ich schließe mich daher denjenigen Herren an, die da sagen, daß trotz des Laué'schen Antrages über den Entwurf sehr wohl weiter debattirt werden kann; und ich habe auch geglaubt, daß er nur in diesem Sinne gestellt ist. — Ich will Ihre Zeit nicht zu sehr in Anspruch nehmen. Ich bin bei Titel 26 zum Referenten ernannt, und da werde ich Ihnen aus praktischer Auffassung meine Erfahrungen in Hannover mittheilen. Für jetzt bitte ich, in der Verhandlung weiter fortzufahren, damit wir über die Prinzipien hinweg zur eigentlichen Sache kommen.

Justiz=Rath Primker: beantragt ähnlich wie Martiny:

die Berathung über den Antrag Laué auszusetzen, bis der ganze Entwurf durchberathen ist.

Der Antrag wird angenommen.

Der Vorsitzende stellt den Antrag Ornold zur Berathung, welcher dahin geht:

zu erklären, daß die Beschlußfassung darüber, ob der Entwurf einer Prozeßordnung in bürgerlichen Rechtsstreitigkeiten für den Norddeutschen Bund zur Annahme als Gesetz für geeignet zu erachten, bis zur Veröffentlichung des ganzen Entwurfs auszusetzen.

Rechts=Anwalt Ornold: In so später Stunde kann es nicht meine Absicht sein, noch große Reden vor Ihnen zu halten. Meines Erachtens spricht der von mir gestellte Antrag vollständig für sich selbst; ich meine nämlich, die Beschlußfassung über einen Organismus auszusetzen, bis wir den vollständigen Organismus vor uns haben, und nicht über einen Torso zu urtheilen, der kein Organismus ist. Lassen Sie auch hier den Grundsatz: audiatur et altera pars gelten; halten Sie das Urtheil über den Entwurf zurück, bis der zweite Theil des Entwurfes und die Motive des ganzen Entwurfes vorliegen. Wir wissen, aus wie heterogenen Elementen die Commission zusammengesetzt war, und welche heterogenen Ansichten sie zu verarbeiten hatte; aber wir wissen nicht, welche Erwägungen auf die einzelnen Abstimmungen entscheidend gewirkt haben. Wir wissen namentlich nicht, mit welcher Majorität das Einzelne durchgegangen ist. Ich halte die Abstimmung nach Majoritäten an sich für sehr bedenklich; sie ist nicht nothwendig bei Commissionen zur Vorberathung der Gesetze, wenn sie auch nothwendig bei parlamentarischen Körperschaften sein mag. Es ist vermuthlich in vielen Fällen die Stimme des Vorsitzenden allein entscheidend gewesen. Erst die Kenntniß des zweiten Theiles des Entwurfes, welcher die Rechtsmittellehre behandeln wird, wird ein sicheres Urtheil darüber ermöglichen, ob die Mischung von Schriftlichkeit und Mündlichkeit in dem Entwurfe der Civilprozeßordnung eine richtige ist. Eine absolute Mündlichkeit des Verfahrens ist heutzutage überhaupt nicht mehr möglich. Auf der untersten Stufe der Völker mag sie angebracht sein, wo man, wie im ältesten Rom, die ganze Gemeinde versammelte, oder, wie im alten Deutschland, wo man unter der Eiche Recht sprach; da ging es, — da gab es aber auch keine Berufung gegen das Urtheil. Wenn ferner der Kollege Braun die Unmittelbarkeit als das Vortrefflichste hinstellte, was der Entwurf gebracht hat, so hat andrerseits der Kollege Laué bereits hervorgehoben, inwieweit in erster Instanz die Unmittelbarkeit sich mit der verwerflichen Inquisitionsmaxime berührt. Ich meine, wir müssen den zweiten Theil des Entwurfes abwarten, um durch den Appellationsrichter die Probe auf das mündliche und unmittelbare Verfahren der ersten Instanz machen zu lassen, um zu ersehen, ob das Verfahren, welches beim Kriminalprozeß lange Zeit eingeführt war, jetzt im Civilprozeß Platz greifen soll: ob sich nämlich der zweite Richter zum Herrn der Thatsachen machen kann, nachdem er sich ein Schriftstück hat vorlesen lassen, oder in welcher Weise überhaupt das mündliche und unmittelbare Verfahren der ersten Instanz reprodnzirt werden soll. Wir müssen über die Rechtsmittel und über die Motive ein Urtheil gewinnen, ehe wir den Organismus des Entwurfes gründlich beurtheilen können. Ich bitte daher den Antrag, wie ich ihn gestellt habe, anzunehmen. Ich habe eventuell nichts gegen das Amendement Braun einzuwenden, da dasselbe nur die Motive zu jenem Antrage enthält, während doch die schriftlichen Anträge ohne schriftliche Hinzufügung von Motiven gestellt werden sollten. Man hat es dem Kollegen Laué sehr übel vermerkt, daß er gleichwohl Motive in seinen schriftlichen Antrag aufgenommen und solche gewissermaßen durch eine Hinterthür eingeführt hat. Ich bitte prinzipaliter meinen Antrag in der Reinheit anzunehmen, wie ich ihn gestellt habe.

Vorsitzender: Ich habe vorhin übersehen, daß auch das Amendement Schröder zu dem Antrag Ornold vorliegt: hinzuzufügen „definitiven“ vor „Beschlußfassung“, so daß sein Antrag lauten würde:

daß eine definitive Beschlußfassung ꝛc. zur Zeit nicht stattfinden kann.

Rechts-Anwalt Lesse: Ich stehe auf dem Standpunkte, daß ich wünsche, diese Versammlung möge auf das Zustandekommen des nationalen Werkes, das ich mit Freude begrüßt, eine Einwirkung ausüben. Das geschieht aber nicht, wenn wir solche Anträge annehmen, wie sie von den Herren Laué und Ornold eingebracht worden sind. Kollege Braun hat bereits darauf hingewiesen, welche Wichtigkeit das Verfahren in erster Instanz hat. Ich wünsche um so mehr, daß wir hier gerade amendiren, denn der Herr Justizminister hat erklärt, es würde eine zweite Lesung stattfinden, und ich hoffe, dann wird auch der Advokatenstand in der Kommission vertreten sein. Das Einzige, worin ich Herrn Laué Recht gebe, das ist, was auch ich beklage, daß der Advokatenstand dort nicht vertreten war. Ich habe die Ehre, dem Norddeutschen Reichstage anzugehören, und ich habe daselbst mit meinen Freunden mehrfach dem Bedauern Ausdruck gegeben, daß nicht auch Advokaten in die Kommission gewählt worden, die dort aus den Erfahrungen ihrer Praxis heraus Besserungsvorschläge machen konnten. Ich habe ferner immer darauf gedrungen, daß der vorliegende Entwurf veröffentlicht werde, und nachdem dies nun geschehen, müssen wir es mit Freuden begrüßen. Ich bitte daher dringend, amendiren Sie den Entwurf, und stellen Sie sich nicht auf einen rein negirenden Standpunkt, denn dabei kommt hier, wie überall, Nichts heraus. Ich weiß nicht, was wir hier Besseres thun könnten, als unsere Wünsche aussprechen. Es sind hier in Bezug auf die neue Prozeßordnung große Befürchtungen laut geworden, man fürchtet sogar, der Advokatenstand würde durch den Richterstand ganz unterdrückt werden. Einzelne dieser Befürchtungen, wenn auch nicht die letzten, theile ich, aber ich begreife nicht, wie man den Antrag stellen kann, den Entwurf einfach zu verwerfen. Sprechen wir uns doch z. B. über die nothwendige Organisation des Anwaltsstandes aus — hic Rhodus hic salta. Wenn wir das formuliren, was wir wollen, dann wird es nicht ohne Wirkung bleiben. Wir, die wir im Reichstage sind, wir werden gern den Ausdruck geben und wenn wir auch noch keine Anwaltsordnung im Reichstag vorgelegt erhalten, so werden wir doch vielleicht gewisse Grundsätze für die künftige Anwaltsordnung aufstellen können und darauf hinarbeiten, daß künftig eine Anwaltsordnung in diesem Sinne erscheint. (Lebhafter Beifall.) Aus allen diesen Gründen bitte ich Sie, den Antrag abzulehnen und daran zu arbeiten, daß Etwas aus dieser Versammlung zu Stande kommt. (Beifall.)

Rechts-Anwalt Schröder (Altona): Als ich mein Amendement zu dem Antrag des Herrn Ornold stellte, ging ich von der Ansicht aus, daß es nur von Vortheil sei, uns in einer bestimmten Weise über den vorliegenden Entwurf auszulassen und das, was bisher versäumt worden, auf dem Anwaltstage nachzuholen, daß nämlich der Entwurf in geeigneter Weise zur Besprechung durch die Anwälte gelange, sei es in seinen Prinzipien, oder in den Einzelheiten seiner Bestimmungen. Zum Theil ist dieser Standpunkt auch schon von anderen Rednern gewürdigt worden, und ich könnte mich daher beruhigen, wenn es nicht speziell im Interesse der einzelnen zum Norddeutschen Bunde gehörigen Staaten und Landestheile wichtig erschiene, in die Frage einzugehen: ist der Entwurf amendirbar oder ist er nicht amendirbar? Man hat gefordert: man amendire den Entwurf, um eine Vermittelung mit den bereits bestehenden Prozeßordnungen herbeizuführen. Um aber darüber schlüssig zu werden, ob das thunlich sei, dazu gehört nothwendig als Voraussetzung, daß alle Einzelheiten des Entwurfes einer vorgängigen Prüfung unterzogen werden. Ich bitte das Augenmerk darauf richten zu wollen, daß in der Provinz, der ich angehöre, in Schleswig-Holstein, die Sache augenblicklich so liegt, daß wir dort ein Prozeßverfahren haben, über das im Allgemeinen nicht viel Lob erschallt, weder aus dem Munde der Richter, noch aus dem der Rechtsanwälte. In der That ist bei der Eile, mit der dort die frühere Ordnung der Dinge beseitigt wurde, in Bezug auf die bis zum 1. September 1867 gültig gewesenen älteren Gesetze über das Prozeßverfahren mit ihren Ausläufern, wie sie die neuere Zeit geschaffen hatte, nicht ganz mit glücklicher Hand gegriffen worden; wir haben uns allmälig jetzt in die neue Prozeßordnung hineingelebt und erkannt, daß dieselbe nach vielen Seiten hin die größten Lücken zeigt, die sich in der Praxis überall zu erkennen geben. Das absolute Bedürfniß, eine Verbesserung der Prozeßordnung eintreten zu lassen, liegt daher auch namentlich in denjenigen neuerworbenen Provinzen Preußens vor, welche nach der Prozeßnovelle vom 24. Juni 1867 die Prozesse zu behandeln haben. Es handelt sich für unsere Verhandlungen darum, wie die Prinzipien festzustellen und anzuwenden sind, die in Bezug auf die Prozeßordnung das gesammte Gebiet des Norddeutschen Bundes zu umfassen bestimmt sind. Eine Vorlage für die Beantwortung dieser Frage enthält der Entwurf. Deshalb ist es zweckmäßig, in die Berathung darüber einzutreten: Ist dieser Entwurf geeignet, amendirt zu werden, oder ist er nur geeignet verworfen zu werden? um daran eventuell die weiteren Fragen zu knüpfen: Giebt es vielleicht ein fertiges Werk, das geeignet ist an seine Stelle zu treten? und: Ist namentlich die Prozeßordnung von 1846 dazu geeignet? —

Rechts-Anwalt Ornold: Wir haben beschlossen, zunächst über den Antrag Laué zu sprechen und alsdann über meinen Antrag; dem ist ja Genüge geschehen. Nun verstehe ich aber den Antrag, daß Laué's Antrag an den Schluß der Berathung zu setzen ist, so, daß erst wenn Laué's Antrag gefallen ist, mein Antrag in zweiter Linie folgen soll. Ich halte den Antrag Laué für wesentlich negativ, so daß also, wenn er abgelehnt wird, es immer noch darauf ankommt, ob der Antrag Laué zuletzt, oder mein Antrag zuerst kommt. Es scheint mir logisch richtig, daß wenn am Schlusse über Laué's Antrag abgestimmt wird, und dieser negative Antrag fällt, dann über meinen Antrag abgestimmt wird, der wenigstens eine Abweichung in der Zeit enthält.

Vorsitzender: Ich habe Ihre Aeußerung also so aufgefaßt, daß Sie wünschen, daß jedenfalls auch über Ihren Antrag erst am Schlusse der Berathung abgestimmt werde. (Ornold: Ja!) Auch die Kollegen Braun und Primker haben erklärt, sie wünschen über ihre Anträge erst am Schluß abgestimmt zu sehen.

Rechts-Anwalt Dr. Werenberg: Ich will nur noch über die Hannoversche Prozeßordnung einige Bemerkungen machen, denn die Herren, die für den Laué'schen Antrag gesprochen, haben sich in Beziehung auf jene mehrere thatsächliche Unrichtigkeiten zu Schulden kommen lassen. Es ist behauptet worden, nach der Hannoverschen Prozeßordnung sei die mündliche Verhandlung eine Täuschung und das würde sie nach dem neuen Entwurfe gleichfalls sein. Es ist von Herrn Laué behauptet worden, der Richter hätte in Hannover die Befugniß, die Streitsache in jedem Augenblick zum schriftlichen Verfahren zu verweisen. Es existirt aber in der Hannoverschen Prozeßordnung keine Bestimmung, woraus eine solche Behauptung hergeleitet werden könnte. — Es ist sodann vom Herrn Kollegen Staemmler behauptet worden: es sei ihm versichert, daß nach der Hannoverschen Prozeßordnung der Richter sich häufig die Manualakten der Parteien geben lasse, um sich zu informiren und auf Grund dieser Information sein Erkenntniß zu machen. Das ist ganz unmöglich und wer Herrn Staemmler das gesagt hat, hat ihm eine große Unwahrheit gesagt. — Um den Vorzug vor dem Verfahren des Entwurfs, resp. vor dem Hannoverschen Verfahren klar zu stellen, ist ferner gesagt worden, es sei nach dem bisherigen, altpreußischen Verfahren zu erwarten, daß eine schnellere Entscheidung der Sachen erfolge. Herr Staemmler hat in dieser Beziehung gesagt, er habe zwar nicht selbst in Hannover Prozesse geführt, aber er habe gehört, daß dieselben dort sehr langsam gingen; hier, nach der Verordnung von 1846, würden sie schneller verhandelt.

Um ein solches Urtheil auszusprechen, ist es doch wohl nöthig, daß man die gleichen Kategorien, die gleichen Stoff umfassenden Prozesse neben einander stellt, und wenn man das thut, so muß ich sagen, daß ich bezweifle, daß die Sachen nach der Verordnung von 1846 schneller erledigt werden als in Hannover. Es ist bekannt, daß die Prozesse in Hannover, wo sie nur durch zwei Instanzen gehen, selbst im Falle eines Beweisverfahrens in längstens anderthalb Jahren entschieden zu sein pflegen. Ich frage Sie, wie weit Sie in derselben Zeit hier in den drei Instanzen kommen. — Es ist sodann der Kostenpunkt angeregt worden. Ich enthalte mich jedes Eingehens darauf, weil ich nicht glaube, daß der Punkt der Gerichtskosten hier diskutirt werden kann. Ich will nur bemerken, daß die Behauptung des Herrn Staemmler: daß die Parteien in Hannover an Gerichtskosten weit mehr bezahlen müssen als hier, nicht richtig ist, daß aber, selbst wenn sie richtig wäre, jedenfalls von Herrn Staemmler, um einen Vergleich zu machen, hätte berücksichtigt werden müssen, wieviel die gesammten Kosten der Gerichtsinstitutionen, die jeder Steuerzahler mit bezahlen muß, hier ausmachen, und wieviel sie in Hannover ausmachen.

Vorsitzender: Wir sind also darüber einig geworden, daß die Beschlußfassung über die Anträge Laué und Genossen und Ornold erst nach beendigter Durchberathung stattzufinden habe. Es würde jetzt der Antrag Bohlmann zur Berathung kommen, welcher lautet:

„Der Anwaltstag erklärt:

1) daß eine etwaige En-bloc Behandlung des Entwurfs im Reichstage im höchsten Grade bedenklich und von folgenschweren Nachtheilen begleitet sein würde,
2) daß die ganze Redaktion des Entwurfs ohne Zuziehung von Anwalten die praktischen Bedürfnisse des Verkehrs mindestens theilweise verfehlen dürfte."

Herr Dr. Bohlmann erklärt mir soeben, daß er mit Rücksicht auf die Erklärung des Herrn Justizchefs im Herrenhause seinen Antrag zurückziehe.

(Pause von einer halben Stunde.)

Nach Wiederaufnahme der Verhandlungen tritt die Versammlung in die Berathung über den Antrag der Rechtsanwalte Dr. Lüntzel und Fenner:

„Um die gleichmäßige Handhabung der künftigen Prozeßordnung zu sichern und im Interesse der Rechtsentwickelung im Allgemeinen ist es erforderlich, einen gemeinsamen obersten Gerichtshof für den Norddeutschen Bund zu errichten. Die Verweisung einzelner Rechtsmaterien, namentlich der Handelssachen, an einen besonderen obersten Gerichtshof ist nicht wünschenswerth."

Rechts-Anwalt Dr. Lüntzel: Meine Herren Kollegen! Ich glaube nicht, daß der Antrag, den ich in Gemeinschaft mit Herrn Kollegen Fenner gestellt habe, auf erheblichen Widerspruch in der Versammlung stoßen wird: ich kann mich deshalb bei der Begründung kurz fassen. Die Rechtseinheit, meine Herren, ist ohne Zweifel eine vortreffliche

Sache; aber sie verliert allen Werth ohne eine gleichmäßige Handhabung der gemeinsamen Gesetze, und die gleichmäßige Handhabung ist nur dadurch zu erreichen, daß man die Rechtsprechung in höchster Instanz centralisirt. Was aus gemeinsamen Gesetzen ohne gleichmäßige Handhabung wird, das haben wir leider erfahren an der Deutschen Wechsel-Ordnung und dem Handelsgesetzbuch. Es sind kaum 20 Jahre verflossen, seit diese Gesetze in Geltung stehen, und dennoch hatte die Divergenz in der Rechtsprechung schon einen solchen Grad erreicht, daß man sich im verflossenen Jahre — ungeachtet der schwersten in der Sache liegenden Bedenken — zur Errichtung eines Spezial-Gerichtshofes für Handels-Sachen entschlossen hat, um nur die Rechtseinheit in dieser Materie zu retten. Ich habe es sehr bedauert, daß man im vorigen Jahre nicht einen Schritt weiter gegangen ist zur Errichtung eines obersten Gerichtshofes für alle Rechtssachen; aber ich hoffe, daß die neue Prozeß-Ordnung den Anstoß geben wird, in dieser Beziehung das Versäumte nachzuholen. Auf dem betretenen Wege der Kreirung von Spezial-Gerichtshöfen für einzelne Rechts-Materien kann man unmöglich fortschreiten. Was sollte daraus werden wenn man für die Prozeß-Ordnung wieder ein besonderes Bundes-Ober-Prozeßgericht, für die in der Vorbereitung begriffenen Strafgesetze ein Bundes-Ober-Kriminal-Gericht errichten wollte, und so fort? Man würde auf diesem Wege zur Zerreißung aller Rechtsmaterien, zu endlosen Kompetenz-Konflikten und zu ganz unhaltbaren Zuständen kommen. Wenn man also den Zweck der Bundesgesetzgebung nicht Preis geben will, so wird man sich trotz aller partikularistischen Eifersüchteleien entschließen müssen, einen obersten Bundes-Gerichtshof für alle Rechtssachen ins Leben zu rufen. Bekanntlich ist auch ein darauf gerichteter Antrag bereits im Bundesrathe von Seiten des Hamburgischen Bevollmächtigten gestellt worden. Der Antrag ist jedoch im Bundesrathe abgelehnt, weil man von der Ansicht ausging, daß zunächst ein gemeinsames materielles Recht geschaffen werden müsse. Ich glaube nicht, daß diese Ansicht lange in der Majorität bleiben wird; denn wenn man warten will, bis das gesammte Civil-Recht unifizirt ist, so heißt das nichts anderes, als die Sache ad calendas graecas verschieben. Ich glaube auch, daß die aus der Verschiedenheit des materiellen Rechtes sich ergebenden Schwierigkeiten in hohem Grade überschätzt werden. Es versteht sich ja von selbst, daß für die großen Gruppen des Civil-Rechts — das Landrecht, das Französische, das gemeine, und etwa auch das Sächsische Recht — besondere Senate bestehen werden. Wenn aber innerhalb der einzelnen Senate eine gleichmäßige Praxis sich bildet, wenn also beispielsweise dieselbe Kontroverse des gemeinen Rechts, welche heute in Mecklenburg so, und in Braunschweig anders entschieden wird, künftig im ganzen Bundesgebiete einer gleichmäßigen Beurtheilung unterliegt, so ist das offenbar gar kein Unglück, sondern etwas höchst Wünschenswerthes. Ich empfehle Ihnen den gestellten Antrag zur Annahme.

Vorsitzender: Der Antrag scheint dergestalt zeitgemäß zu sein, daß dazu Niemand weiter um das Wort gebeten hat.

(Der Antrag wird hierauf angenommen.)

**Vorsitzender:** Es folgt jetzt der Antrag v. Groddeck:

Alle bürgerlichen Rechtsstreitigkeiten den Gerichten zuzuweisen, soweit sie nicht durch Bundesgesetze ihnen entzogen werden.

Justiz-Rath v. Groddeck: Der Antrag knüpft unmittelbar an den Vorhergehenden an, denn wenn wir überhaupt eine Einheit in den prozessualischen Formen haben wollen, so bedürfen wir zunächst einer Entscheidung darüber, was denn die Gerichte zum Gegenstand ihrer Entscheidung machen sollen. Also entweder wünschen wir Einheit, oder wir wünschen sie nicht. Wünschen wir Einheit, so müssen wir auch wünschen, daß nur der Bund darüber zu entscheiden habe, welche Gegenstände vor die Gerichte gezogen werden sollen, und ich glaube, wir brauchen nur auf die große Menge von Privatstreitigkeiten hinzuweisen, die nach Preußischem Rechte den Gerichten entzogen werden. Bei Vorfluthstreitigkeiten, bei Markpfahlsetzungen, bei Gesindestreitigkeiten, bei Streitigkeiten zwischen Gesellen und Meister haben wir überall Polizeimacht angenommen, die durchaus nicht gerade zur Förderung einer guten Meinung in Bezug auf das „Recht" beiträgt, und ich glaube, daß es vor Allem nöthig ist, die Kompetenz der Gerichte auf alle bürgerlichen Rechtsstreitigkeiten auszudehnen und dem Staate die Befug- zu beschränken, einzelne Rechtsfälle den Gerichten zu entziehen.

Rechtsanwalt Herzfeld (Insterburg): Ich bin entschieden gegen den Antrag, und zwar nicht, weil er mir zuweit geht, sondern weil er mir zu eng ist und ich ihn deshalb überhaupt ablehnen muß. Er lautet wörtlich: „Alle bürgerlichen Rechtsstreitigkeiten den Gerichten zuzuweisen, soweit sie nicht durch Bundesgesetze ihnen entzogen werden." Ich glaube, daß wir von unserm Standpunkte die Verpflichtung haben, das Prinzip zu verfechten, daß überhaupt alle Rechtsstreitigkeiten durch die Gerichte entschieden werden. Indem wir den Satz aufnehmen, „alle bürgerlichen Rechtsstreitigkeiten den Gerichten zuzuweisen, soweit sie nicht durch Bundesgesetze ihnen entzogen werden," erkennen wir die Berechtigung an, Rechtsstreitigkeiten den Gerichten zu entziehen. Hiergegen muß ich mich von meinem Standpunkte aus entschieden erklären. Wenn man mir vorhält: es sei bei uns noch nicht soweit, wir haben ja verschiedene Organe zur Entscheidung von Streitigkeiten aller Art, so muß ich dagegen sagen, wir können nicht durch einen Beschluß darauf hinwirken, diese Zustände zu sanktioniren. Es ist vorhin erwähnt worden, daß die bürgerliche Gesetzgebung nicht hier gemacht wird, sondern wo anders. Nun, ich halte diesen Grund für vollständig unberechtigt; das habe ich mir zu Hause auch sagen können, und dann hätte ich garnicht herzukommen brauchen. Ich bin aber hierher gekommen, um meine Ansichten zur Geltung zu bringen, um gehört zu werden und meine Meinung zu sagen und lasse mich dadurch, daß die Gesetze nicht hier gemacht werden, nicht abhalten zu sagen, was ich will und was ich denke. Wenn wir sagen, wir haben Rechtsstreitigkeiten, die anderswo geschlichtet werden müssen, so geht uns das garnichts an; haben wir diese Zustände, so haben wir sie zu beseitigen. Soweit das Verfahren präparatorisch ist, soweit die Polizei und Administration ein vorläufiges Verfahren hat, soweit alterirt mich das nicht. Ebensogut wie wir

Schiedsgerichte haben, ebensogut können wir auch ein Administrativverfahren, können wir auch ein Polizeiverfahren haben, nach dessen Beendigung man die Sache doch nachher an den Richter bringen kann. Ich weiß wohl, es giebt nach dem Staatsrecht eine Menge von Fällen, in denen man sich einbildet, sie könne der Richter nicht entscheiden. Nach meiner Ansicht dürfte es keinen besonderen Gerichtshof geben, welcher darüber zu entscheiden hat, ob eine Sache überhaupt vor den Richter kommen soll oder nicht. Der Richter müßte über jede Streitfrage entscheiden können; ich sehe nicht ein, warum in einem anderen Kollegium die Herren klüger sein sollen, als in einem Richterkollegium. Ich bin gegen den Antrag, weil wir sonst der Ansicht Rechnung trügen, daß wir diese Zustände als richtig anerkennen oder auch nur für erträglich halten. Ich kenne nur einen Grundsatz und glaube, wir werden nicht eher zur Freiheit und zum gedeihlichen Wirken kommen, ehe der Grundsatz nicht an die Spitze der Prozeßordnung kommt, und dieser Grundsatz lautet: Die letzte Entscheidung im Staate gebührt immer dem Richter. — Dann werden wir nicht die Fälle haben, daß man, wenn man 100 Thlr. bezahlt, wer weiß was machen kann. — Man hat auf der einen Seite hervorgehoben, was wir denn eigentlich wollten, wenn wir die dem Richter gegebene Erlaubniß, beliebige Fragen zu stellen, zu beseitigen bestrebt seien, und dies Recht der Frage aus der Souveränität der Richter gerechtfertigt, auch in diesem Fragerecht nichts Verfängliches gefunden. Ich will mich jetzt hierüber nicht aussprechen; wenn aber von gewisser Seite, von der ich glaube, daß sie gouvernemental inspirirt wird, wenn von dieser Seite die Souveränität des Richters so hervorgehoben wird, so muß man doch dem Richter auch die volle Kompetenz zugestehen.

Vorsitzender. Ich mache den Vermittelungsvorschlag, den vorliegenden Antrag zu trennen, nämlich hinter dem Worte „zuzuweisen" einen Strich zu machen und dann über jeden Theil für sich abzustimmen, weil der erste Satz am weitesten geht. Damit wird Kollege Herzfeldt wohl einverstanden sein.

Ein Ungenannter beantragt vor dem Worte „Gerichten" das Wort „ordentlichen" einzuschieben.

Bei der jetzt erfolgenden Abstimmung wird der Antrag in seinem ersten Theile, mit Einschiebung des Wortes „ordentlichen" angenommen, so daß der Antrag jetzt so lautet:

„Alle bürgerlichen Rechtsstreitigkeiten den ordentlichen Gerichten zuzuweisen."

Der Vorsitzende erklärt hiermit den ganzen Antrag für erledigt; doch macht sich von vielen Seiten die Ansicht geltend, daß auch über den zweiten Theil noch abgestimmt werden müßte, wogegen der Vorsitzende die Meinung ausspricht, daß durch die Annahme des ersten Theils der zweite gefallen sei. Demnächst erklärt sich der Vorsitzende indessen bereit, auch über den zweiten Theil des Antrages: — „soweit sie nicht durch Bundesgesetze ihnen entzogen werden", abstimmen zu lassen. — Vor der Abstimmung erbittet das Wort

Ein Ungenannter: M. H., ich glaube eine kurze Bemerkung machen zu können. Es scheint mir nicht, daß es gut ist, diesen Satz mit aufzunehmen, denn ich weiß nicht, weshalb die Gesetzgebung sich selbst ein Präjudiz entgegen stellen und den ordentlichen Gerichten einen Riegel vorschieben sollte. Der Antragsteller meint gewiß nur, daß nicht die Landesgesetze sondern nur die Bundesgesetze Ausnahmen sollen gestatten und exceptionelle Bestimmungen sollen erlassen können. Alsdann mögen die Landesgerichte beschließen was sie wollen, — der oberste Gerichtshof kassirt es! —

Rechtsanwalt Ulfert: Es ist richtig, was schon vorhin bemerkt wurde: wenn der erste Satz angenommen wird, so schlägt sich alles Weitere damit todt. Wenn also eines schönen Tages der Bund herkäme und ein anderes Gesetz machte, so wäre doch garnichts dagegen zu erinnern! Ich würde nun um dem Gedanken im ersten Theil weiteren Ausdruck zu geben noch affirmativ hinzusetzen: „Ausnahmen durch Landesgesetzgebungen finden nicht statt!“

Ein Ungenannter: Ich bin für die Streichung des zweiten Satzes, denn die Streichung desselben hat eine doppelte Bedeutung: Es ist der Landesgesetzgebung nicht mehr gestattet Ausnahmen zu schaffen, und zweitens auch der Bundesgesetzgebung nicht mehr. Man kann mir nun entgegensetzen, daß ein solcher Ausspruch doch keinen praktischen Werth haben würde; man kann mir entgegenhalten, daß eine solche Gesetzgebung sich nach dieser Richtung hin keine Schranken werde setzen lassen. Dem glaube ich zunächst mit dem praktischen Einwande zu begegnen, daß schon die Bestimmungen des Entwurfs darauf hinführen, einen solchen Ausspruch zu thun. Zweitens: Der Anwaltstag ist allerdings nicht berufen Gesetze zu machen; aber ich betrachte ihn als ein Jury von praktischen Sachverständigen, der berufen ist, vermöge seiner connection intime auszusprechen, was Rechtens sein soll und was nicht, nicht aber mit der Tendenz der Sittlichkeit ein moralisches Gewicht, ein ethisches Moment in die Wageschaale zu werfen. Geht man mit mir, und wie ich hoffe mit Ihnen Allen von der Ansicht aus, daß der Anwaltsstand in seiner ganzen Stellung, nicht bloß seiner Intelligenz nach, sondern als das vermittelnde Prinzip zwischen dem Volke und Denen, die für das Volk Recht sprechen sollen, das Recht habe, sich über solche Fragen und speziell über dieses Material auszusprechen, dann räumen Sie mir gewiß auch das Recht ein, daß seiner Stimme, wo sie auftritt, als der Stimme einer berechtigten Jury ein großes Gewicht beigelegt werden müsse. Von diesem Standpunkte aus bitte ich für mein Amendement zu stimmen.

Vorsitzender: Wir kommen jetzt zur Abstimmung über den Antrag Ulfert, welcher dem ersten bereits angenommenen Theile noch folgenden Zusatz geben will: „Ausnahmen durch Landesgesetzgebungen finden nicht statt.“

(Dieser Zusatzantrag wird angenommen.)

Vorsitzender: Nunmehr stimmen wir darüber ab, ob die Worte: „soweit sie nicht durch Bundesgesetze ihnen entzogen werden“ fortfallen sollen.

v. Groddeck: Ich halte diese Worte jetzt für überflüssig und ziehe den bezüglichen Antrag zurück.

Vorsitzender: Wir kommen jetzt zu Titel 1, I.; Antrag der Herren Dr. Lüntzel und Fenner, welcher lautet:

In den Titel 1 ist folgende Bestimmung aufzunehmen:

Die Gerichte entscheiden selbstständig über die Grenzen ihrer Zuständigkeit. Eine Hemmung des gerichtlichen Verfahrens durch Erhebung des Kompetenzkonflikts findet nicht statt.

Damit übereinstimmt der erste der Heidenfeld'schen Anträge:

Die ordentlichen Gerichte entscheiden in den ihnen unterbreiteten Rechtsstreitigkeiten selbstständig über die Zulässigkeit des Rechtswegs bezüglich aller Ansprüche, Angriffs- und Vertheidigungsmittel.

Ein besonderer Gerichtshof für die Entscheidung von Kompetenz-Konflikten ist nicht statthaft.

Motive: Würde der Rechtspflege und Unabhängigkeit der Gerichte.

Rechtsanwalt Dr. Lüntzel: Es ist ein alter germanischer Grundsatz, daß die Gerichte die alleinigen Wächter der Rechtsordnung, und innerhalb ihrer Sphäre durch keine fremde Autorität beschränkt sind. In England und Nord-Amerika steht dieser Grundsatz noch heute in voller Geltung. In Deutschland haben leider romanische Einflüsse die Anschauung getrübt. Man hat sich gewöhnt, Justiz und Verwaltung als zwei feindliche Gebiete zu betrachten, welche im fortwährenden Kriegszustande leben, und deren Grenzen durch einen arbiter, den Gerichtshof zur Entscheidung von Kompetenz-Konflikten, zu bestimmen wären. Ich halte diesen Zustand für einen unnatürlichen, und ich glaube, daß die Prozeß-Ordnung eine willkommene Gelegenheit darbietet, den altgermanischen Grundsatz wieder zu Ehren zu bringen. Die politischen Besorgnisse, welche dahin geführt haben, die Gerichte von Seiten der Regierungen mit einem gewissen Mißtrauen zu betrachten, sind wohl im Schwinden begriffen. Gerade vom politischen Gesichtspunkte aus kann die Verwaltung nur gewinnen, wenn man ihr das Odium des Kompetenz-Konfliktes abnimmt: sie wird sich dann innerhalb ihrer legitimen Grenzen um so freier und sicherer bewegen. Ich kann auch bezeugen, daß der im Antrage niedergelegte Grundsatz in Hannover während eines längeren Zeitraumes ohne die geringsten Unzuträglichkeiten bestanden hat. Uebrigens verkenne ich nicht, daß es wünschenswerth erscheinen kann, den einzelnen Beamten im Wege der Gesetzgebung eine gewisse Garantie gegen vexatorische Klagen zu gewähren. Diese Garantien lassen sich aber finden, ohne daß man zu dem prinzipwidrigen Mittel des Kompetenz-Konfliktes zugreifen braucht. Die englische Gesetzgebung dürfte auch in dieser Beziehung das Richtige getroffen haben, indem sie zwar unbedingt eine Klage aus Amtshandlungen gegen den einzelnen Beamten zuläßt, aber sehr erhebliche Kautionen und Geldstrafen für den Fall statuirt, wo die Klage unbegründet befunden wird. Es ist hier nicht der Ort, in die Modalitäten der Ausführung näher einzugehen. Für den Anwaltstag kann es nur darauf ankommen, das Prinzip rein hinzustellen. Das ist in dem Antrage geschehen, und ich empfehle Ihnen denselben zur Annahme.

Rechtsanwalt Heidenfeld zieht seinen Antrag zurück.

Justizrath Hagens: Ich wollte bemerken, daß hier zwei Sachen zusammengefaßt sind, die nicht nothwendig zusammenfallen. Darüber ist kein Zweifel, daß der Richter allein zu befinden hat über das Rechtsverfahren; die andere Frage aber ist die, ob überhaupt im Prozesse kein Kompetenzkonflikt als Einwand erhoben werden darf? Ich glaube, daß diese zweite Frage eine ganz andere ist. Ich halte es im Interesse der Staatsangehörigen für dringend nothwendig, daß es ihnen, oder den Korporationen und Behörden nicht beschränkt werden dürfe, bei den kompetenten Gerichten den Kompetenzkonflikt anzumelden; aber die ordentlichen Gerichte haben zu entscheiden, ob der ihnen vorliegende Fall auch einen Kasus der Art in sich schließt. Es ist schon vom letzten Vorredner angedeutet worden, daß, wenn ein einzelnes Organ der Staatsgewalt in Anspruch genommen wird, dafür ein Konfliktgesetz maßgebend ist. Wir haben also beides, den Kompetenzkonflikt und das Konfliktgesetz zu betrachten und ich glaube, daß wir keinem kompetenten Organe das Recht zu beschränken brauchen seine Stimme zu erheben und in den fraglichen Prozeß einzutreten; aber der Richter, meines Erachtens der des ordentlichen Gerichtes, hat auch hierüber allein zu befinden, dergestalt, daß von der Existenz eines besonderen Gerichtshofes nicht mehr die Rede zu sein brauchte. Dies erfordert nicht allein die Würde eines ordentlichen Gerichtshofes, sondern auch die Nothwendigkeit hauptsächlich, daß jeder sein Recht wieder finde durch seinen angeborenen Richter.

Justizrath von Groddeck: Ich glaube, der Vorredner hat den Wortlaut des Antrages nicht genug gewürdigt. Der zweite Satz laute nur: „Eine Hemmung des gerichtlichen Verfahrens durch Erhebung des Kompetenzkonfliktes findet ferner nicht statt.“ — Daß ein anderes Gericht das erstere nicht für inkompetent erklären könne, steht nich darin.

Ein Ungenannter: Mein Standpunkt ist der, daß ich auch die Einrede der Inkompetenz aus der Welt schaffen würde, wenn ich es könnte. Indessen, da die Majorität es indirekt angenommen und sie somit nach Ihrer Meinung immer noch weiter bestehen soll, so ist vor der Hand nichts weiter zu machen, als daß wir uns auf diesen Boden stellen, daß ein Jeder, der da glaubt, daß der Richter nicht kompetent sei, Einrede erheben kann, und nach dem Gesetze wird dies in unerhörtem Maße der Fall sein; denn der Richter wird die Bundesgesetze herbeiziehen und sagen, nach den und den Paragraphen ist dies Verfahren nicht zulässig. Dadurch erledigt sich dann Alles, denn dann muß jede Partei sagen, dazu brauchen wir keinen Gerichtshof.

Rechtsanwalt Dr. Lüntzel: Ich glaube, die Differenz besteht nur darin, daß der Herr Kollege den Verwaltungsbehörden den Weg der Intervention offen halten will. Ein praktisches Bedürfniß liegt nach meiner Ansicht nicht vor, man kann es der belangten Partei überlassen, eine Einrede vorzubringen. Daß eine Einrede unzulässig ist, ist auch in dem Antrage nicht gesagt.

Ein Ungenannter: Ich wollte Sie nochmals bitten, hierbei zu überlegen: etwas Anderes ist der Kompetenzkonflikt und etwas Anderes das Konfliktgesetz. Das, was der Herr Vorredner bemerkt hat, berührt nur den Kompetenzkonflikt; viel wichtiger aber ist das Konfliktgesetz. Ich glaube, daß den Behörden es erwünscht ist, daß sie in einem freien Staat als Prinzipalintervenienten eintreten, ihres Rechtes Nothdurft zu wahren und dann die Entscheidung des Richters zu erwarten.

Rechtsanwalt Martiny (Danzig): Ich beantrage über beide Sätze getrennt abzustimmen.

Der Martiny'sche Antrag auf getrennte Abstimmung wird genehmigt, und darauf bei der Abstimmung selbst der Antrag in seinen beiden Theilen angenommen.

Es folgt jetzt der Antrag des Herrn Justizrath v. Groddeck:

> Zur Ausübung der Rechtsanwaltschaft die Ablegung einer zum Richteramt befähigenden Prüfung für erforderlich zu erklären.

Justizrath v. Groddeck: Ich würde nicht glauben zur Begründung des Antrages etwas sagen zu müssen, aber es ist die Meinung aufgetreten, wir hätten gar keine Veranlassung das ausdrücklich hervorzuheben, was der Antrag bezweckt; es würde sich von selbst verstehen. Indessen befindet sich in dem Entwurfe ein Satz, wonach die Zulassung zur Anwaltschaft von dem Studium des Rechtes und der Ablegung einer Prüfung abhängig gemacht werden soll. Nun legen aber bei uns die Richter zwei Prüfungen ab, und ich glaube daher, daß wir es aussprechen müssen, daß die Anwälte die Richterqualifikation haben müssen. (Ja, ja!)

Der Vorsitzende läßt über den Antrag abstimmen; er wird angenommen.

Vorsitzender: Es folgt jetzt der zweite Antrag Groddeck:

> „Alle Rechtsanwalte des Staats bei allen Gerichten ohne Beschränkung zuzulassen und von der Kostenerstattungspflicht des unterliegenden Gegners die Mehrkosten auszuschließen, welche aus der Vertretung der obsiegenden Partei durch einen nicht am Sitze des Prozeßgerichts wohnhaften Rechtsanwalts entstanden sind."

Dem gegenüber steht der Antrag Mecke:

> „Die Rechtsanwaltschaft wird mit der Beschränkung freigegeben, daß in Anwaltsprozessen nur diejenigen Rechtsanwalte als Parteivertreter zuzulassen sind, welche bei dem Prozeßgerichte immatrikulirt sind und am Sitze oder im Bezirke desselben wohnen."

Rechtsanwalt Mecke: Meine Herren! Der Antrag von Groddeck und der meinige, betreffend die Ausübung der Advokatur, sind einander gegenübergestellt. Ich hoffe jedoch, daß Sie dem meinigen den Vorzug geben, zumal derselbe dasjenige, was der Antrag von Groddeck wesentlich will, keineswegs auszuschließen beabsichtigt.

Meine Herren! Die Frage der freien Advokatur noch einmal zur Diskussion zu bringen, bezweckt mein Antrag durchaus nicht. Wir müssen vielmehr davon ausgehen, daß diese an sich zweifelhafte Frage entschieden ist. Die Vorbemerkungen zu dem Entwurf stellen die Einführung der freien Advokatur in Aussicht. Die Prozeß-Kommission, von welcher diese Vorbemerkungen ausgehen, ist gewissermaßen ein Organ der Bundesgewalt, und wir können jedenfalls darüber nicht im Zweifel sein, daß sie ein glaubhafter Zeuge für die Absichten der Bundesgewalt ist. Unter diesen Umständen scheint es mir angemessen, daß wir uns über die noch offen gelassenen eventuellen Fragen über die Art der Ausübung der freien Advokatur aussprechen. Die Vorbemerkungen lassen es unentschieden, ob künftig in Anwaltsprozessen nur diejenigen Rechtsanwälte als Parteivertreter zuzulassen sind, welche bei dem Prozeßgerichte immatrikulirt sind und am Sitze oder im Bezirke desselben wohnen. Ich stehe nicht an, mich für diese Beschränkung auszusprechen. Dabei lege ich allerdings einen besonderen Nachdruck auf das Wort „Parteivertreter". Daß alle Advokaten an allen Gerichten des Bundes sollen plaidiren können, will auch ich. Dagegen als Parteivertreter, als domini litis will ich nur die immatrikulirten zulassen. Die Gerichte, welche der Entwurf voraussetzt, sind offenbar große Kollegien. Große Gerichte sollen sein und naturgemäß nur in größeren Städten. Der Schwerpunkt des Prozesses soll in der mündlichen Verhandlung beruhen, ohne daß jedoch die Schriftsätze ihre Bedeutung als vorbereitende Mittel verlieren. Ein derartiger Prozeß verlangt Anwälte, welche das Gericht in jedem Augenblicke zur Stelle haben kann. Die Gerichte, beziehungsweise die Vorsitzenden müssen stets in der Lage sein, mit den Anwälten über die anhängigen Prozesse Rücksprache zu nehmen. Der vom Entwurf gewollte Prozeß setzt den regsten persönlichen amtlichen Verkehr zwischen Anwälten und Gerichten voraus. Ein derartiger Verkehr ist unmöglich, wenn es gestattet sein soll, daß die Anwälte aus allen Theilen des Bundes ihre Schriften einsenden, dann zur mündlichen Verhandlung entweder selbst kommen, oder einen Anwalt am Sitze des Gerichts substituiren, der den Prozeß nicht instruirt hat. Wie viele Fragen, welche jetzt per decretum erledigt werden, können durch mündliche Rücksprache zwischen Vorsitzenden und Anwalt ihre rasche Beseitigung finden. Das geht nicht, wenn der Parteivertreter nicht am Sitz des Gerichts wohnt und in engster Verbindung mit demselben steht Dazu kommt, daß nur bei der von mir gewollten Einrichtung es möglich ist, die Praxis eines Gerichts genau zu kennen und dadurch entweder Prozesse zu vermeiden oder in die richtige Bahn zu lenken. Auch der Verkehr unter den Parteivertretern selbst, den Anwälten, ist in geordneter und zeitersparender Weise nur möglich, wenn dieselben an dem nämlichen Gerichte immatrikulirt sind. Schon allein die Frage wegen etwaiger Vertagungen der Sachen beziehungsweise wegen der sonst möglichen prozessualischen Zwischenfälle macht es nothwendig, daß der eine Parteivertreter dem anderen sofort zugänglich ist. Alles das kann nur erreicht werden, wenn die freie Advokatur im Sinne meines Antrages geordnet wird. Die von mir gewollte Einrichtung hat auch den Vortheil, daß dem Gerichte ein geschlossener und angesehener Körper von Advokaten in enger Zusammengehörigkeit gegenübersteht, dessen Aeußerungen und Gutachten von Gewicht sind. Ich kann mich nicht damit einverstanden erklären, daß die Advokatur gewissermaßen im Umherziehen betrieben wird. Ich verlange aber auch, daß der Stand sich selbst auf's Strengste beaufsichtigt. Eine strenge Kontrolle, namentlich im Anfang bei Einführung der freien Advokatur, scheint mir unerläßlich. Eine solche Kontrolle ist nur zu erreichen, wenn die Kollegen einem bestimmten Gerichte zugewiesen sind. Da wird man sehen können, ob Jeder sein Gewerbe, wenn ich mich so ausdrücken darf, anständig oder nicht anständig betreibt. Mein Antrag will die Ordnung der freien Advokatur, ohne dem Prinzip derselben zu nahe zu treten. Denn dieses besteht nur darin, daß Jeder nach zurückgelegtem Examen Advokat werden und sich beliebig niederlassen kann.

Was nun den Antrag von Groddeck betrifft, so bin ich mit demselben, wie angedeutet, insofern vollkommen einverstanden, als ich es für durchaus zulässig erkenne, daß eine Partei sich einen Rechtsanwalt, dem sie besonderes Vertrauen schenkt, kommen läßt und daß dieser ihre Sache plaidirt. Dann ist dieser aber nicht der Parteivertreter. Er mag rechtsgelehrte Ausführungen machen, der Anwalt am Orte muß aber die Direktion des Prozesses in der Hand behalten. Das Prinzip des Antrages von Groddeck führt dazu, den Schwerpunkt des Prozesses in die Schriften zurück zu verlegen. Die Fälle, wo der beim Gerichte nicht immatrikulirte Anwalt seine Schrift in der mündlichen Verhandlung vertritt, werden die selteneren sein, und so werden wir den bisherigen Mißstand beibehalten. Ist es denn nicht jetzt schon eine mißliche Sache, daß die Rechtsanwälte des Preußischen Staates beliebig Schriften einreichen können und hinterher ein Dritter für die mündliche Verhandlung substituirt wird, der die Sache nur oberflächlich kennen kann und für dieselbe oft ohne sonderliche Begeisterung eintritt. Wie oft sind die Substituirten genöthigt, bei der mündlichen Verhandlung zu erklären: „Ich habe die Schrift nicht gemacht, ich kann mich nur auf diese beziehen", während er nach dem neuen Verfahren den Inhalt der Schrift auch noch mündlich wiederholen müßte. Das ist ein ganz erheblicher Uebelstand, welcher vermieden wird, wenn der Anwalt am Sitze des Gerichts von Anfang bis zu Ende die Verantwortung übernimmt. Wendet man ein, es sei besser, daß der Anwalt, welcher die erste Information besorgen muß, auch gleich die vorbereitenden Schriftsätze machen darf, so erwiedere ich, daß das nur ein für die Kosten erheblicher Gesichtspunkt ist, welcher mit dem Prinzip Nichts zu thun hat und eine angemessene Regelung finden kann, ohne daß das Prinzip des Antrages von Groddeck anzunehmen nothwendig wäre.

Hiernach bitte ich Sie, meine Herren, meinem Antrage den Vorzug zu geben.

Justizrath von Groddeck: Meine Herren! Ich lege kein sehr großes Gewicht auf meinen Antrag; er ist nur ein Ausfluß der Bemühung, die Grundsätze, die Prinzipien, die dem Entwurf zu Grunde liegen, möglichst rein durchzuführen, und da ihm das Prinzip der freien Advokatur, der Ausschluß jedes Privilegiums, der vollsten Freigebung der Konkurrenz mit Geistesmitteln zu Grunde zu liegen scheint, so habe ich geglaubt, die Beschränkungen, die man hat hineinbringen wollen, abweisen zu müssen. Ich bekenne, daß ich manche der vom Kollegen Mecke vorgebrachten Gründe nicht in Betracht gezogen habe, und daß es wohl möglich wäre, den Entwurf in einer Weise zu amendiren, daß mein Antrag unmöglich würde. Wenn nämlich nicht das Prozeßgericht von den Parteien frei gewählt werden darf, dann müßte gleicher Grund es verbieten, eine Sache an Anwälte nach Belieben, ohne Rücksicht auf ihren Amtssitz, zu geben. Indessen ich kann die eine Besorgniß nicht theilen, die Herr Kollege Mecke aufstellt, daß, nachdem von dem einen Anwalt die Schriftsätze gemacht wurden, nun von einem anderen Anwalte wohl oder übel dafür plaidirt werden muß. Ich meine, daß nach dem Gesetzentwurf das nicht zu besorgen ist. Es sind ja eben keine Grenzen gezogen, sondern es ist vollständig noch zuläßig, daß der in der mündlichen Verhandlung auftretende Anwalt sich vorher gegen den andern Anwalt ausspricht, wenn er noch Informationen über gewisse Punkte braucht, um die Sache zu vertreten.

Andererseits sehe ich nicht ein, warum man das Vertrauen einer Partei, das sie auf einen ihr nahewohnenden Anwalt setzt, beschränken soll, und warum ihr Anwalt nicht von Memel bis Saarlouis reisen soll, wenn sie ihn dafür bezahlt, sofern der Gegner darunter nicht leidet. Ich meine, daß, wenn in Folge eines hier anzunehmenden Antrages der Anwaltstand in Preußen sich zusammenschließt und eine Berufsklasse von allgemeiner Bedeutung wird, es dann nicht mehr nöthig sein wird, daß er sich auf einen kleinen Wirkungskreis beschränkt, daß es dann aber auch nicht nöthig sein wird, diese Theilhaber einzelner Genossenschaften innerhalb derselben zu beaufsichtigen, sondern daß es für die Tüchtigkeit der Anwälte nur förderlich sein würde, wenn der Anwalt nicht mehr allein auf den beschränkten Kreis seines Amtssitzes angewiesen wäre, vielmehr auch einmal in einen fremden Wirkungskreis hineintreten dürfte, wo er keine regelmäßige Konkurrenz macht, und wo er deshalb von der einen Seite zwar von vornherein ungünstig, von der andern dagegen unbefangen beurtheilt wird. Ich fürchte nicht, daß der Anwaltstand sinken wird, wenn den Anwalten die Befugniß ertheilt wird, auch einmal außerhalb der Grenzen des Wohnsitzes eines Jeden thätig sein zu dürfen.

Rechts-Anwalt Schröder (Altona): Vor dem 1. September 1867 bestand in Schleswig-Holstein die freie Advokatur in dem Sinne, daß ein Jeder, der die juristische Prüfung gemacht hatte, wie sie gesetzlich vorgeschrieben, und zwar nur eine einzige, berechtigt war, sich bei dem damaligen Landesherrn um eine Bestellung für die Advokatur zu bewerben; und wenn er sie erhalten hatte, so war er dadurch berechtigt, vor allen Untergerichten des Landes Schriftsätze einzureichen und mündlich aufzutreten, bei den Obergerichten des Landes aber die schriftliche Vertretung der Parteien zu übernehmen. Für die dritte Instanz galt etwas Anderes. Zwei und zwanzig Jahre hindurch bin ich persönlich in der Lage gewesen, bei dem Holsteinischen Obergerichte als Vertreter von Prozeßparteien zu fungiren, und Anderen als Vertretern der Gegenparteien gegenüberzustehen in einer ganzen Reihe von Sachen, in denen wir den Schriftsatz, den sogenannten Rezeß, nicht selbst gefertigt, sondern uns von den Anwälten der Unterinstanz hatten fertig übergeben lassen; aber ich habe nichts von den Uebelständen gesehen, die Kollege Mecke hervorhebt. Es hat sich namentlich auch nicht als unthunlich oder schwierig ergeben, selbst in den Fällen der Vertreter der Parteien für die mündliche Verhandlung zu sein, wo der dazu ausersehene Anwalt gar weit von der Ansicht Dessen abwich, der den Schriftsatz ausgearbeitet hatte. Im Gegentheil, ich spreche hier nicht bloß meine Ueberzeugung, sondern gleichmäßig — halten Sie das nicht für Arroganz — die Ansicht einer großen Anzahl meiner damaligen Kollegen aus, gerade im Falle solcher Verschiedenheiten in der Auffassung Beider hatte die Verhandlung der Sache und die Sache selbst, das Parteiinteresse einen Gewinn zu erwarten. Es war so gut wie herkömmlich, daß nicht der Anwalt, welcher die Schriftsätze gemacht hatte, die mündliche Verhandlung vor den Obergerichten übernahm, sondern daß ein Obergerichts-Anwalt für die Berufungsinstanz diese mündliche Verhandlung übernahm. Es ist nicht selten vorgekommen, daß die Ansicht des Schriftsatzverfassers vollständig derelinquirt und auf Grund derselben Thatsachen, auf die er seinen Antrag gestützt hatte, mit Hülfe einer total anderen rechtlichen Ausführung, also von einem ganz abweichenden juristischen Standpunkte aus durch den Obergerichtsanwalt ein obsiegliches Erkenntniß erstritten wurde. Auch befürchte ich nicht, daß eine Kontrole über die Ehrenhaftigkeit des Anwaltstandes erschwert werden wird, wenn die Advokatur ohne die im Mecke'schen Antrag enthaltenen Beschränkungen frei gegeben wird. Ich wüßte nicht, wie die Ehrenhaftigkeit unseres Standes darunter leiden könnte, wenn die Anwälte über eine größere Anzahl von Orten vertheilt wären, oder weshalb seine Ehrenhaftigkeit dadurch gewährleistet sein sollte, daß die Anwälte auf bestimmte Orte konzentrirt würden. Ich denke, nach dieser Richtung ist es vollständig gleichgültig, ob eine Vertheilung der Anwälte über einen größeren Bezirk eintritt. Die Thätigkeit des Anwaltes ist, wie mich dünkt, immer so beschaffen, daß er sich auf der einen Seite der Kritik des Publikums und auf der andern Seite der der Standesgenossen und der Gerichte nicht entziehen kann. Und weil er sich derselben nicht entziehen kann, bleibt es gleichgültig, ob er mit seinen Berufsgenossen an Einem Ort konzentrirt bleibt oder nicht. Ich bitte Sie daher, den Antrag des Kollegen Mecke abzulehnen, den des Kollegen v. Groddeck in seinem ersten Theile anzunehmen, den letzten Theil desselben aber zu verwerfen, also in dem Antrag v. Groddeck's die Worte: „— und von der Kostenerstattungspflicht u. s. w." abzusetzen. Zur Begründung dieses Amendements bin ich in der Lage, auf eine Bemerkung zu rekurriren, durch die ich in gewissem Sinne mir selbst ein Armuthszeugniß ausstelle. Ich habe mich wiederholt gefragt, wie es denn für den Fall mit der Kostenerstattungspflicht des unterliegenden Gegners zu verhalten sei, wenn auf eine weite Entfernung hinaus ein Anwalt von der obsiegenden Partei zur Vertretung adhibirt worden ist. Ich muß gestehen, ich bin nicht zu einem Resultate gekommen, wie da auszuhelfen sei. Mehr als in den alten Provinzen wohl jemals ist in den neuen Landestheilen, in Hessen, Schleswig-Holstein 2c., den Anwälten in einer sehr ernsten Weise neuerdings die Frage nahe getreten, wie nach dieser Richtung hin das Interesse der Anwälte ohne Schädigung der Parteien gewahrt werden könne. Es ist gerade die Frage, wie es mit der Erstattungspflicht bezüglich der Reisekosten der Anwälte gehalten werden solle, zum Gegenstand einer Vorlage gemacht worden, die neuerdings erst das Abgeordnetenhaus passirte. Die Frage halte ich für schwierig und die Lösung, wie sie getroffen, halte ich nicht für glücklich. Ich bitte Sie eben deshalb, bei der großen Bedeutung, die die Sache für eine große Anzahl von Kollegen hat, für heute ein non liquet auszusprechen. Präjudiciren Sie der Sache bis weiter in keiner Weise; wir werden im späteren Verlauf unserer Verhandlungen gewiß Gelegenheit haben, darauf zurückzukommen.

Rechts-Anwalt Staemmler: Der Antrag des Herrn Kollegen Mecke geht zunächst dahin, die Advokatur freizugeben. Der Vorredner sagt dabei selbst, über diese Frage, die Freigebung der Advokatur, wollen wir nicht sprechen; wenn wir das nicht wollen, so können wir auch nicht dafür sprechen. Im Uebrigen glaube ich aber, daß die praktischen Bedenken hier überwiegend sind. Ich bin früher Anwalt bei einem auswärtigen Gericht gewesen, an dessen Sitz Eisenbahnstation war. Die nächsten Kollegien waren an nahen Stationen derselben Bahn. Vor diesen konnten wir nicht auftreten. Die Parteien aus den Kreisen ließen von den Anwälten für die Gerichte der andern Bezirke arbeiten, die aber nicht zur mündlichen Verhandlung kommen durften. Es ist oft unendlich schwierig, in solchen Fällen eine geeignete Vertretung zu gewinnen. Die Klienten bitten oft auf das Dringendste, daß man sie in solchen Audienzen vertreten möge und wollen gern die Mehrkosten tragen. Man wird aber nicht einmal als Assistent immer zugelassen. Ich bin zwar an entfernten Orten als Assistent zugelassen; dieser Tage ist es aber vorgekommen, daß ein Potsdamer Kollege in Brandenburg — also 5 Meilen von seinem Wohnorte — als Assistent in der Audienz nicht zugelassen ist. — Ich bitte Sie den Antrag Mecke zu verwerfen und den Groddeck'schen Antrag anzunehmen.

Rechts-Anwalt Noltemeier: Meine Herren! Die Hauptgründe sind mir allerdings schon vorweg genommen, und ich will deshalb nur noch den einen erwähnen, daß die Ausbildung in unserm Stande sehr bedeutend Noth leidet, wenn unsere Thätigkeit auf einen kleinen Wirkungskreis beschränkt bleibt. Die jüngeren Anwälte sind meist in kleineren Gerichtssprengeln eingepfercht und können die Thätigkeit bei den Obergerichten nicht übernehmen. Sie werden dadurch erst in späteren Jahren dahin kommen, an den Arbeiten der höheren Instanzen Antheil zu nehmen, und das ist das Hinderniß ihrer Ausbildung. Wenn sie nun doch trotz dieser Schwierigkeiten, die das Gesetz ihnen bestimmt hat, diese Schranke überspringen und mit Hülfe der älteren Kollegen sich in die obere Praxis hinein arbeiten, so entstehen sehr widerwärtige Kalamitäten. Der Anwalt des Obergerichts muß den Advokaten einführen, ihn dem Gericht präsentiren und seine Thätigkeit legalisiren, obgleich es sehr häufig vorkommt, daß die jüngeren der Herren viel mehr wissen als die älteren. Sie sind in vielen Fällen besser ausgebildet, haben die Universitätsstudien erst verlassen und haben größeres Talent wie wir; mit einem Worte: die Tüchtigkeit und das Talent wird zurückgedrängt, und es wird ihnen die weitere Ausbildungsmöglichkeit genommen, und deshalb bin ich allein schon für den Antrag von Groddeck. Außerdem hat aber die Sache noch eine andere Schattenseite. Unser Stand — namentlich wenn wir die freie Advokatur annehmen — soll sich von allen zunftmäßigen und gewerbsartigen Beschränkungen fern halten. Meine Herren! Lassen wir das Talent aufblühen und sich entwickeln und ihm keinen Hemmschuh anlegen, dann wird sich unser Stand am besten stehen. Mag es dann auch in unserem Stande einzelne Individuen geben, die als Reiseprediger herumziehen, — mag es sein! — sie fallen dann immer mehr hinweg. Also fort mit allem Zunftzwang! — Auch hier auf diesem Gebiete die freie Advokatur!

Rechtsanwalt Mecke: Ich will zunächst einige Worte auf die Ausführungen meines Kollegen Schröder bemerken. Es mag richtig sein, daß unter gewissen Umständen und Verhältnissen das vom Kollegen Schröder geschilderte Verfahren in Holstein in einzelnen Prozeßsachen nicht nachtheilig, sondern sogar vortheilhaft war. Gleichwohl werden damit nicht die von mir für meinen Antrag vorgebrachten anderweiten Gründe aus dem Wege geräumt.

Was die Streichung des letzten Satzes im Antrag v. Groddeck betrifft, so bin ich entschieden dagegen. Ich fürchte sehr, daß, wenn die Gegenpartei die Mehrkosten der Reihe zu erstatten hätte, vielfach Mißbrauch getrieben würde. Ich gebe mich in dieser Beziehung keinen Illusionen hin.

Um nun noch einmal auf meinen Antrag zurückzukommen, so liegt es ziemlich nahe, daß ich bei meinem Antrage eine Einrichtung im Auge hatte, wie solche im Rheinlande besteht. Diese hat sich dort, trotz der künftig wegfallenden Trennung von Advokatur und Anwaltschaft als sehr segensreich bewährt. Der Anwalts- resp. Advokatenstand ist dort ein sehr angesehener und zwar wesentlich wegen dieser Einrichtung, welche mit dem Zunftzwange gar Nichts zu schaffen hat. Mögen doch die Parteien kommen mit einem Rechtsbestand, mit welchem sie wollen, mögen sie kommen mit ihm von Memel nach Saarlouis. Die Gerichte sollen hören was er sagt. Das Verfahren soll aber weder die Regel werden, noch soll dem berufensten Vertreter der Partei sein Recht genommen werden.

Justizrath Hagens: Meine Herren! Die Befürchtung, daß man im Hausirhandel die Advokatur betreiben wird, halte ich für unbegründet. Die Bäume werden schon nicht in den Himmel wachsen, und dergleichen Exemplare, wie wir sie in allen Ländern finden, sind nicht viele. Es fragt sich hier nur: soll die Advokatur von der Anwaltschaft getrennt sein? — sollen andere Grundsätze für die Advokatur und andere wegen der Anwaltschaft geltend sein? — Daß die Advokatur frei sein soll, darüber ist kein Streit unter den Antragstellern. Wer sich der Hülfe von auswärts noch besonders bedienen will, der kann es daher thun. Wenn aber das Publikum, hier die rechtsuchende Partei, mundtodt erklärt, und gezwungen wird, sich durch einen Rechtsanwalt vertreten zu lassen, dann ist es nicht auch noch absolut nothwendig, daß ihr noch Extrakosten auf den Hals geworfen werden. Darum muß ich mich für Beibehaltung des Satzes aussprechen, daß die Mehrkosten, die durch die freie Advokatur herbeigeführt werden, dem unterliegenden Theile nicht zur Last fallen dürfen. Es ist ja nicht gesagt, daß man nur eine Hülfe nehmen solle, — es giebt ja große technische Sachen, z. B. Bergwerks-, Fabrik- und andere Prozesse, in denen mehrfacher Beirath nöthig erscheinen kann, — und es wird immer mehr in Aufnahme kommen, daß man in Folge der auch hier zu erwartenden Arbeitstheilung nicht mehr nur noch einen, sondern noch zwei Advokaten und mehr nimmt. Es ist sodann bloß noch die Frage: Soll die Anwaltschaft, wie sie am Rheine gilt auch hier gelten, oder können auch mehrere Anwälte zugleich zur Verhandlung einer Sache hinzugezogen werden? — Ich glaube, diese Frage ist eine so schwierige, daß wir darüber heute nicht beschließen können. Es läßt sich ebensoviel für die Beschränkung der eigentlichen Anwaltschaft, als für die Freigebung derselben sagen. Ich bin für die Beschränkung der Anwaltschaft, so daß, wie hier bemerkt worden, die eigentliche Vertretung der Partei nur von immatrikulirten Anwälten erfolgen darf!

Rechtsanwalt Dr Werenberg: Meine Herren! Ich glaube, es ist doch Manches in dieser Debatte zusammengefaßt worden, was eigentlich zu trenneu wäre. Ich kann den Antrag Mecke von den bis jetzt geltend gemachten Gesichtspunkten aus, nicht verwerfen. Wenn der Herr Kollege aus Hannover meint, wir wollten einen Zunftzwang hier hineinbringen, so ist das doch eine irrige Ansicht, das wäre blos der Fall, wenn die Anwaltschaft ähnlich unglücklich organisirt würde wie in Hannover, wo die Anwaltschaft von der Advokatur gesondert ist. Das ist aber gar nicht die Ansicht von Mecke. Wenn die Advokatur freigegeben wird, so ist selbstverständlich damit auch freigegeben, daß jeder junge Advokat an diesem oder jenem Obergerichte nach seiner Wahl sich niederlassen und alle Anwaltsgeschäfte betreiben kann; und das ist das Gegentheil von Zunftbeschränkung. Was aber Mecke will, drückt er klar dahin aus, daß er nicht eine Advokatur im Umherziehen sanctionirt wissen will, sondern daß die Parteivertretung am Orte des Prozesses sein muß; und diesen Gedanken, der in dem Antrage Mecke ausgesprochen ist, halte ich für vollkommen berechtigt; er schließt auch gar nicht aus, daß die Parteien Befugniß haben zu der eigentlichen Vertretung, also zu dem Anwalt, der am Orte des Gerichts wohnen soll, noch einen anderen als Beirath zu nehmen; das unterliegt ja gar keinem Zweifel! Ich meine, daß die beiden Anträge sich vermitteln ließen und frage, ob die Antragsteller damit einverstanden sind den Antrag Mecke dahin zu fassen:

„Die Rechtsanwaltschaft wird mit der Beschränkung freigegeben, daß in Anwaltsprozessen nur diejenigen Rechtsanwalte als Parteivertreter zuzulassen sind, welche bei dem Prozeßgerichte immatrikulirt sind und im Bezirke desselben wohnen. Neben den Parteivertretern sind alle Rechtsanwalte des Norddeutschen Bundes bei allen Gerichten ohne Beschränkung zuzulassen. Von der Kostenerstattungspflicht des unterliegenden Gegners sind die Mehrkosten auszuschließen, welche aus der Zuziehung eines nicht im Bezirke des Prozeßgerichts wohnhaften Rechtsanwalts entstanden sind."

Es ist hier im ersten Satze nur von Anwaltsprozessen die Rede. Neben den Parteivertretern können aber alle Rechtsanwalte zugelassen werden. Von der Kostenerstattungspflicht des unterliegenden Gegners werden indessen die Mehrkosten ausgeschlossen, welche durch die Beschaffnng eines nicht im Bezirke wohnenden Anwaltes entstanden sind. — Ich sollte meinen, wenn wir beide Anträge in diesen einen zusammenfassen, so genügen wir allen Ansprüchen und könnten die Herrea Antragsteller damit einverstanden sein.

Ein Ungenannter: Meine Herren! Es ist sehr viel darüber gesprochen worden, mit welcher Maßgabe die Advokatur frei zu geben sei. Es fragt sich doch zunächst, wenn wir zu diesem Entwurfe derartige Anträge stellen, ob wir mit dem aufgestellten Prinzipe in diesem Punkte einverstanden sind. Ich bin gegen die Freigebung der Advokatur, will aber darüber keine Ausführungen machen, denn ein Jeder wird ja mit sich darüber schon im Klaren sein, ob er für oder wider den Antrag stimmen soll. Nur darüber müssen wir uns noch schlüssig werden, wenn wir in dieser Beziehung über Amendements sprechen wollen, ob wir damit einverstanden sind, daß sie freigegeben werden soll oder nicht, denn es heißt in dem Mecke'schen Antrage: „die Rechtsanwaltschaft wird mit der Beschränknng freigegeben rc." und sowie wir hierzu ein Amendement stellen, geben wir zu, daß die Advokatur freigegeben werden soll, als ob es schon überhaupt die Stimme der Gesellschaft sei, daß die Advokatur frei sein solle!

Justiz-Rath v. Groddeck: Man mag über die Freigebung der Advokatur denken wie man will, — ich glaube mich nicht zu irren, daß in dieser Versammlung das Gefühl herrscht, diese Freigebung sei nur noch eine Frage der Zeit. Darum möchte ich diese Frage auch nicht gerade zur Diskussion stellen; es könnte ja gesagt werden „falls — die Advokatur freigegeben werde rc.", um auch den Andern noch die Hoffnung aufrecht zu erhalten. Aber ich möchte meinen Antrag ein wenig abändern. Ich werde eben darauf aufmerksam gemacht, daß darin eine Inkonzinnität stecke, daß in Betreff der Kostenerstattung dadurch Zweifel entstehen können, und ich bitte daher in meinem Antrage statt der Worte „am Sitze" zu setzen: „im Bezirke". Alsdann bitte ich aber, den Antrag von dem Gesichtspunkte aus in Erwägung zu ziehen, daß eine jede Beschränkung der Advokatur nur aus überwiegenden Gründen der Nützlichkeit gestattet werden dürfe; ich selbst habe mich von der Existenz und Triftigkeit solcher Gründe noch nicht überzeugen können!

Rechts-Anwalt Mecke: Die Frage der freien Advokatur hat bereits ihre definitive Erledigung gefunden. Zum großen Mißbehagen Vieler ist bekanntlich im Jahre 1866 von unserm Vereine die Freigebung der Advokatur gebilligt worden und wir müssen daran festhalten. Wir müssen uns jetzt schlüssig machen für den Fall des Eintritts der

Eventualität. Ich weiß, daß Verschiedene der Meinung sind, die Advokatur sei nicht freizugeben. Den Streit über die Freigebung selbst wollte ich aber nicht mehr anregen, da könnten wir noch Tage lang darüber streiten. Darin stimme ich mit v. Groddeck überein: Die Freigebung der Advokatur ist nur noch eine Frage der Zeit!

Bei der jetzt erfolgenden Abstimmung wird der Antrag Groddeck zunächst in seinem ersten und darnach auch in seinem zweiten Theile angenommen. — Der Antrag Mecke ist dadurch beseitigt.

Rechts-Anwalt Dr. Werenberg: Ich bin der Ansicht, daß nachdem der gegnerische Antrag angenommen ist, mein Vermittelungsantrag gefallen ist; ich ziehe ihn zurück. (Die Versammlung ist damit einverstanden.)

Vorsitzender: Es käme nun der Antrag des Kollegen Dr. Werenberg, Seite 4, V.; er will ihn aber sub Tit. X. abgemacht wissen. Wir gehen daher über zu III. der „Vorbemerkungen“: Antrag des Justiz-Raths v. Groddeck zu den Bemerkungen über die Einrichtung von Handelsgerichten:

„Auf den Antrag jeder Partei ist die Zuziehung zweier nicht als Richter angestellter Schöffen mit vollem Stimmrecht zur mündlichen Verhandlung und Entscheidung bei allen Gerichten in jeder Instanz und jedem Stadium zu verordnen nach folgenden im Gesetz näher auszuführenden Grundzügen:

A. Der Antragsteller hat in dem Antrage drei Personen vorzuschlagen, welche als zum Geschworenenamt befähigt in der dazu bestimmten Urliste aufgeführt sind und im Bezirke des Gerichts wohnen; der Gegner nach deren Mittheilung innerhalb gesetzlicher Frist die gleiche Zahl.

B. Ausgeschlossen sind nur solche Personen, welche in einem der im §. 14 u. 15 n. 1 u. 3 bezeichneten Verhältnisse zu einer der Parteien stehen, oder welche für sich selbst oder für einen der im §. 14 bezeichneten Angehörigen von der Entscheidung Vortheil oder Nachtheil zu erwarten haben.

C. Der Richter wählt aus jeder Liste einen Schöffen; wenn aber eine der Vorschlagslisten nicht drei wählbare Personen enthält, dann aus der ganzen Urliste des Bezirks, statt aus der mangelhaften oder fehlenden Vorschlagsliste.

D. Der Schöffendienst ist allgemeine Staatsbürgerpflicht gegen reichliche Vergütung, welche der Antragsteller vorzuschießen hat, wenn er nicht zum Armenrechte verstattet ist.“

Danach abzuändern die §§. 1, 2, 7, 8, 9, 11, 68 und Titel 39.“

Der Vorsitzende fragt den Antragsteller, ob der Antrag zu den Bemerkungen über die Einrichtung der Handelsgerichte gestellt und ob er einverstanden sei, die Diskussion über die Details des Antrags zu unterlassen.

Der Antragsteller erhält das Wort:

Ja, meine Herren! In das Manuskript, welches ich eingeschickt hatte, hatte ich geschrieben, „statt der Einsetzung von Handelsgerichten zu verordnen". Ich bin damit völlig einverstanden, daß wir die Frage der Ausführungs-Spezialien aus der Debatte ausscheiden. Ich lege auf diese Spezialien gar kein Gewicht, und habe nur geglaubt, ein Bild davon geben zu müssen, wie ich mir die Sache im Einzelnen denke. Aber der Grundzug meines Antrages geht dahin: in allen Fällen, bei allen Instanzen und allen Gerichten muß den Parteien die Möglichkeit gegeben werden, auch andere als angestellte Richter hinzuzuziehen, und zwar solche, denen sie spezielle Sachkenntniß zutrauen. Wer diese seien, das ist ihre Sorge; ich glaube, sie darin nicht beschränken zu dürfen. Der nächste Grund meines Antrages ist meine Feindschaft gegen Privilegien gewesen. Ich kann nicht einsehen, warum der Handelsstand allein das Privilegium eines Ausnahmegerichtes genießen soll. Ich finde, daß Fabrikarbeiter, Gelehrte und sehr viele andere Personen ebensowohl das Interesse haben können und sehr häufig haben müssen, daß dem Richter Personen zur Seite stehen, welche speziell bekannt sein müssen mit den Thatsachen, um die es sich handelt, und die einschlagenden Verhältnisse genau kennen, die nicht bloße juristische Kenntnisse besitzen. Dies ist bei dem neuen Gesetzentwurfe um so wichtiger, da nach demselben der Richter sich selbst Sachkenntniß zutrauen darf und auf die Anhörung von Sachverständigen verzichten kann. Ich meine, daß hier den Parteien eine Möglichkeit gegeben werden muß, dem Gerichte Sachverständige aufzunöthigen, wenn sie glauben, daß das Gericht die nöthige Kenntniß von der Sache nicht hat. Auf diesem Motive gipfelt mein Antrag. Aber ein zweiter Grund, der mich dazu begeistert hat, ist die Erwägung, wie dringend wünschenswerth es sei, aus unserem Juristenrecht ein Volksrecht zu machen, unser Volk mit unserem Rechte zu versöhnen; Prozesse nicht mehr blos zu verspielen oder zu gewinnen, sondern daß das Volk selbst sich in die Rechtsprechung hineinlebe. Dies würde in besserem Maße durch diese Einrichtung gefördert werden, als durch die Geschwornengerichte, zu denen die Leute widerwillig hingehen, denn es widerstrebt dem Menschen, es ist eine schwere Pflicht, die man nur ungern übernimmt, über die Ehre und Freiheit, über die Strafbarkeit seines Nebenmenschen abzuurtheilen, wo die Wage nur zwischen Strafe und Freiheit schwankt. Ganz anders ist es im Civilprozeß, wenn die Parteien auf beiden Seiten gleichstehen, und wenn namentlich den Schöffen auch eine reichliche Vergütung ihrer Zeitversäumniß zu Theil wird. Alsdann wird es eine angenehme Pflicht sein, Recht zu sprechen, dann werden die Juristen volksthümlicher, und das Volk auch mehr und mehr rechtlicher werden, und darum bitte ich um die Annahme meines Antrages.

Justizrath Hagens: Ich sehe mich gezwungen, dem Antragsteller zu widersprechen. Es ist nicht eine so einfache Sache, wie der Antrag sie äußerlich hinstellt; es handelt sich in den Vorschlägen eigentlich um die Umwälzung der bisherigen Organisation der Justiz, und dazu noch um eine von hier ausgehende nebensächliche neue Organisation. Wir wissen Alle schon, wie schwer es ist, in geeigneter Weise den Bedürfnissen der Rechtspflege Genüge zu leisten. Der Staat hat natürlich die erste Pflicht, die Gerichte anzustellen, zu organisiren, und die gesetzgebenden Faktoren haben sich dabei zu äußern. Das Organisationswesen ist aber ganz etwas Anderes, als wenn man sagt: die und die Rechte sollen den Parteien zustehen. — Wir haben nur die ordentlichen und die gewillkürten Gerichte, die sollen doch schwerlich ausgeschlossen sein; zu einem gewillkürten Gerichte gehört aber der Konsens beider Theile, — erst muß der Kompromiß kommen. Nach dem Vorschlage könnte aber jede Partei die andere zwingen, auf den Kompromiß einzugehen, und das scheint mir lediglich eine unzulässige Zwangsmaßregel. Sodann fehlt es aber an allen Kriterien, die für die Wahl von solchen Schiedsrichtern stattfinden, ob diese Maßregel nur bei Amtsgerichten oder auch Kollegialgerichten statthaben soll; denn wenn beim Einzelgericht zwei Nichtjuristen mit entscheidender Stimme eintreten sollen, so entscheiden die die Sache. Es wird bei den Handelsgerichten ja so schon zur Sprache gebracht werden, welche Aenderungen nöthig sind. Ich glaube, daß der Vorschlag ein so entschieden hier nicht her gehöriger sei, daß Sie zur einfachen oder motivirten Tagesordnung übergehen; das ist das Beste!

Vorsitzender: Kollege Laué verzichtet auf's Wort; da Niemand mehr das Wort verlangt hat, so kommen wir zur Abstimmung.

Ich ersuche diejenigen Herren, die im Grundgedanken, unter Vorbehalt der Diskussion, für die Annahme des Antrages von Groddeck sind, die Hand zu erheben. (Es geschieht.) Ueberwiegende Minorität.

(Schluß der Sitzung 3 Uhr 45 Min.)

---

## Zweiter Sitzungstag.

Vorsitzender: Wir kommen jetzt zu Titel 1. Ich habe dazu das Referat übernommen, was aber bei der Kürze der Zeit besser ausfallen mag. Wir beschäftigen uns daher mit dem Antrag Mecke Titel 1, II, welcher zu den §§. 3, 7, 9, 11 Folgendes beantragt:

> „Die im §. 7 bezeichneten Rechtsstreitigkeiten sollen, ohne Rücksicht auf den Werth des Streitgegenstandes, vor die Handelsgerichte gehören."

Rechtsanwalt Mecke: Meine Herren! Derselbe Antrag ist vom Herrn Vorsitzenden gestellt; von mir ist er gestellt unter der Voraussetzung, daß Handelsgerichte bei uns eingeführt werden sollen. Ich bin selbst ein Gegner der Handelsgerichte, indessen ich verkenne nicht, daß die öffentliche Meinung sie verlangt, und daß dieser höchst wahrscheinlich Rechnung getragen werden wird. Wenn man sich aber auf den prinzipiellen Standpunkt des Entwurfs stellt, so hat es gar keinen Sinn, daß man gerade den wichtigsten Theil den Handelsgerichten nimmt und die Streitobjekte bis zu 100 Thalern den Amtsgerichten zuweist. Es kann doch nur ein Grund vorhanden sein, ihnen bestimmte Sachen zuzuweisen, nämlich die besondere technische Qualifikation der

Handelsgerichte, dieser trifft aber noch mehr zu bei Sachen bis zu hundert Thalern, als bei höheren Objekten. Ich glaube, daß das zur Motivirung meines Antrages genügt.

Rechtsanwalt Laué: Meine Herren! Wir sind jetzt auf die Berathung der einzelnen Titel eingegangen. Ich glaube, daß wir uns doch erst schlüssig werden müssen über die Frage: nicht, ob die öffentliche Meinung die Handelsgerichte verlangt, sondern ob wir als praktische Juristen die Handelsgerichte für zweckmäßig erachten? Der Antragsteller hat erklärt, daß er seinerseits gegen die Handelsgerichte sei. Ich bin gleichfalls dagegen. Ich glaube, daß wenn wir überhaupt dagegen sind, wir dies aussprechen müssen, statt uns nur mit Amendements zu begnügen, welche die Handelsgerichte anerkennen, und sie blos gegen den Entwurf noch erweitern sollen. Ich bin dafür, daß im Prozeß jedes Privilegium wegfällt. Unser Streben in der Jetztzeit geht darauf hin, jeden privilegirten Gerichtsstand aufzuheben. Der vorliegende Entwurf hat sogar die desfallsigen Bestimmungen, führt aber selbst ein Privilegium für einen bestimmten Stand ein, das am allerweitesten greift. Es sollen Handelsgerichte unter Anderen existiren für Handelssachen, die beiderseitig Handelsgeschäfte betreffen, resp. nach Wahl des Klägers auch für Handelssachen, bei welchen auf Seiten des Verklagten ein Handelsgeschäft vorliegt. Es ist unsere Zeit allerdings die Zeit der Industrie und des Handels. Ich bin aber der Meinung, daß alle übrigen Staatsunterthanen dasselbe Recht haben, wie der Kaufmann, und daß, wenn dieser ein besonderes Gericht verlangen kann, auch jeder andere Unterthan in Betreff seines Gewerbes dies würde beanspruchen können. Ich sehe keinen Grund ein, warum die Kaufleute sich in dieser Beziehung gerade dem Richterstande entziehen sollen und wollen. Die Kaufleute sind nach meiner Erfahrung aus handelsrichterlichen und schiedsrichterlichen Urtheilen keineswegs besser als andere Laien geeignet, Recht zu sprechen. Sie lassen sich gewiß dieselben Fehler zu Schulden kommen, und geben weit weniger Gewähr, wie der Richter, der in Handelssachen zu erkennen hat. Ich bin deshalb der Ansicht, daß wir über das Amendement, wie es gestellt ist, nicht abstimmen, sondern ich stelle den Antrag, den §. 1 dahin zu modifiziren:

„Alle Rechtsstreitigkeiten gehören in erster Instanz vor die Landgerichte oder die Amtsgerichte“.

Vorsitzender: Wir würden überhaupt zunächst darüber zu sprechen haben, ob überhaupt Handelsgerichte bestehen sollen oder nicht, und dann erst über den Antrag Mecke. Es scheinen sich mehrere der Herren zu dieser Frage um das Wort zu melden.

Rechts-Anwalt Dr. Werenberg: Ich habe mich nur deshalb zum Worte gemeldet, um denjenigen Antrag, der eben von Herrn Laué gestellt ist, nicht ohne Widerspruch stehen zu lassen. Ich stimme aber darin mit den beiden Vorrednern überein, daß man in der Frage, ob Handelsgerichte nothwendig sind, oder nicht, aus guten Gründen verschiedener Ansicht sein kann. Ob bei dieser Sachlage eine Erklärung des Anwaltstages erforderlich ist, daß wir die Handelsgerichte für unzweckmäßig, oder aber, daß wir sie für ein Bedürfniß halten, das stelle ich dem Ermessen der Versammlung anheim. Ich meinerseits würde nicht gegen §. 1 stimmen, sondern gegen den Antrag Laué, und will hier nur bemerken, daß die Motivirung Laué's auf Streichung meines Erachtens nicht zutrifft. Er behauptet, und darin stimme ich mit ihm überein, der ganze Zug unserer Zeit dränge auf Beseitigung jedes privilegirten Gerichtsstandes. Ich weiß aber nicht, wie der geehrte Herr behaupten kann, daß in den Handelsgerichten irgendwie ein Privilegium für den Handelsstand vorliegen könne. Ist denn dadurch, daß wir bei Kriminalgerichten Geschworene und Schöffen einführen, ein privilegirter Gerichtsstand für die Verbrecher, welche der Gerichtsbarkeit der Schwurgerichte anheimfallen, geschaffen worden? Meines Erachtens ist doch ganz dasselbe auch bei den Handelsgerichten der Fall. Ich will aber auch darauf aufmerksam zu machen mir erlauben, und habe ja bereits bemerkt, daß die Frage nicht so leicht abzuurtheilen ist, wie Herr Kollege Laué es gethan hat. Darüber ist kein Zweifel, daß wir zu der Behauptung nicht befugt sind, welche der Herr aufgestellt hat, als ob unter allen Umständen die zur Entscheidung kommenden Handelssachen so ohne Weiteres von jedem, der nur eine juristische Bildung hätte, entschieden werden könnten. Das ist nicht der Fall. Wer in größeren Städten den Verhandlungen der Handelsgerichte beigewohnt hat, wird mir darin beistimmen, daß die meisten Fälle, die dort zur Entscheidung kommen, von der Art sind, daß sie außer den juristischen Kenntnissen noch eine Anzahl technischer Kenntnisse erfordern, daß sie zu der Fähigkeit, über den Stoff logisch und juristisch disponiren zu können, noch die Kenntniß der Usancen nöthig machen, der Rechtssätze die unausgesprochen gelten, die, als sich von selbst verstehend, in den Rechtsverhältnissen des Handelsstandes vorkommen und Platz greifen und so fast in jeden Handelsrechtsstreit mit hineinspielen, daß man es nicht unbedingt einem nur juristisch gebildeten Richter allein überlassen kann, darüber zu urtheilen. — Ich fasse mich dahin zusammen, daß sich überhaupt mit den Gründen, die Kollege Laué vorgebracht hat, die Zweckmäßigkeit und Nothwendigkeit der Handelsgerichte nicht bestreiten läßt, und möchte hinzufügen, daß für uns Anwälte keine Veranlassung vorliegt zu sagen, wir wollen die Handelsgerichte als solche nicht haben. Welches Interesse wir dabei haben sollten, dies auszusprechen, sehe ich nicht ein, und daher behaupte ich, daß eine Veranlassung, einen Antrag zu stellen resp. anzunehmen, der dahin gerichtet ist, diesen Paragraphen zu streichen, im Interesse unseres Standes nicht vorhanden ist.

Rechts-Anwalt Makower: Meine Herren! Ich habe mich auch nur zum Worte gemeldet, um die Ansicht nicht als einstimmige dieser Versammlung gelten zu lassen, daß die Handelsgerichte abgeschafft werden sollen. Diese Abschaffung steht auch nicht in Frage, denn es ist ganz klar, daß wir den Rhein niemals für unsere Prozeßordnung gewinnen werden, wenn wir die Handelsgerichte beseitigen. Und wenn wir nach den Hansestädten gehen und sagen: wir geben Euch den Entwurf der Norddeutschen Bundes-Prozeßordnung, ihr sollt aber keine Handelsgerichte mehr haben, so weiß ich nicht, zu welchen Exzessen dies führen könnte. Gehen wir nun an der Hand der Thatsachen vor, so herrscht die Meinung, daß sowohl am Rhein, wie in Hamburg die Handelsgerichte gut gewirkt haben. Ich habe mit Rechtsgelehrten und unter Anderen mit dem ersten und zweiten Vorsitzenden des Handelsgerichtes in Hamburg lange konferirt und gefragt, wie sich die Sache mache, nicht weil für mich die Frage existirte, ob überhaupt Handelsgerichte sein sollten, sondern wie diese Gerichte am zweckmäßigsten zu organisiren seien. Am Rhein sind sie bekanntlich nur aus drei Kaufleuten zusammengesetzt, und das juristische Element wird lediglich durch einen Gerichtsschreiber vertreten.

Das ist in Hamburg nicht der Fall, sondern der Vorsitzende wird dort immer unter den tüchtigsten Juristen herausgesucht; ich will Namen nicht nennen, Sie kennen dieselben. Diese Herren haben mich versichert, es ginge ganz vortrefflich mit den beisitzenden Kaufleuten; und ich kann nur sagen, daß in den wenigen Verhandlungen, in denen ich zugegen war, durch die Einwirkung der Kaufleute Momente zur Sprache kamen, die uns Juristen wahrscheinlich nie in den Sinn gekommen wären. Die Kenntniß der Art und Weise, wie die Geschäfte gemacht werden, die binnenländischen und die überseeischen, giebt den Kaufleuten ein Verständniß der Dinge, das der Jurist blos aus der juristischen Wissenschaft heraus unmöglich gewinnen kann. Ich habe mich aus der Praxis überzeugt, daß die Handelsgerichte sehr gut wirken, und daß wir am Rhein nie damit durchdringen würden, sie abzuschaffen. Ich bin daher der Meinung, daß wir unmöglich den Beschluß fassen können, die Handelsgerichte abzuschaffen. Sie einzuführen oder nicht, ist für mich gar keine Frage. —

Wesentlich ist der Antrag des Kollegen Mecke. Was er Ihnen vorschlägt, wird widerlegt durch das, was Herr Laué angeführt hat. Dieser legt Gewicht darauf, daß kein Standesgericht mit Vorrechten eingeführt werden solle; das würde aber geschehen, wenn man nach Herrn Mecke's Vorschlag verführe, daß auch bei Objekten unter hundert Thalern ein Kollegium von dreien Richtern mitwirken solle. Das wäre ein Privilegium. Ueberdies vergißt Herr Mecke, daß die ganze Konstruktion des Entwurfs durch seinen Vorschlag gestört würde. Die Rechesmittel gegen Urtheile der Einzelrichter sollen an ein Dreimänner-Kollegium gehen. Würden die Handelsgerichte auch in Bagatellsachen erkennen, so könnte man die Appellation nicht gut an die Kreisgerichte gehen lassen, denen sie sonst koordinirt sind. Ich halte es daher für ganz unmöglich, den Antrag Mecke anzunehmen, ohne den Entwurf zu durchlöchern, und bitte daher beide Anträge abzulehnen.

Rechts-Anwalt Noltemeier: Ich kann mich nicht recht überzeugen, daß die Handelsgerichte ein Bedürfniß sind. Wenn sie ein Bedürfniß sind, warum sind nicht auch Gerichte über andere Zweige der geselligen Kultur einer besonderen Gerichtsverfassung bedürftig? Weshalb sollen gerade alle anderen Streitigkeiten erledigt werden ohne besondere Gerichte. Es gründet sich das Auftauchen der Handelsgerichte auf den altgermanischen Grundsatz: judicium parium, wo die ganze Bevölkerung in Gruppen geschieden war, die sich feindselig gegenüberstanden, und deshalb kein Rechtspruch möglich war. Ich sehe auch nicht ein, warum in unseren Zeiten, wo diese Motive wegfallen, lediglich aus der Komplizirtheit der Geschäfte der handeltreibenden Welt ein besonderes Gericht erfordert werden soll. Ich bin auch gegen alles Privilegium, und wenn wir die Privilegien zur Vorderthür hinauswerfen, und machen eine Hinterthür für die Handelsgerichte, so kommen sie da wieder herein. Ich wüßte andere Sachen, z. B. Versicherungssachen, Ablösungen und landwirthschaftliche Sachen, die könnten sie auch verlangen. Sie könnten sagen: „Nun dann gebt uns wenigstens Schöffen, die wir mit hineinnehmen können!" — Auf diese Weise zerreißen wir das Prinzip, dessen wir bedürfen. Ich habe aber noch einen zweiten Grund für meine Ansicht. Ich habe nie ein Handelsgericht gesehen, kenne es gar nicht. Was ich sage ist nur a priori rein theoretisch. Ich fürchte nämlich, daß die Rechtswissenschaft als solche hinabgezogen wird in einen Kreis von Personen, die unfähig sind, rechtswissenschaftliche Grundsätze anzuwenden. Wie können wir bei unserm komplizirten Recht verlangen, daß ein Laie die Rechtsgrundsätze richtig anwende! Wir, die wir unser ganzes Leben darauf verwandt haben, um sie richtig anzuwenden, wir haben dann unsere Mühe vergeblich gemacht! Da wird man freilich sagen: ja im Handelsrecht kommen ganz andere Prinzipien zur Anwendung! aber das ist nur scheinbar, wir haben das Handelsgesetzbuch, da stehen die Prinzipien drin, und die Anwendungen gründen sich alle auf das Obligationsrecht. Deshalb bin ich dagegen.

Vorsitzender: Ich habe mich auch zum Wort gemeldet, und bitte Herrn Laué den Vorsitz zu übernehmen. (Dies geschieht.)

Vorsitzender: Daß die Handelsgerichte kein Privilegium sind, ist schon von Werenberg und Makower ausgeführt worden und es hat gestern einer der Redner mit vollem Rechte gesagt: Es wird eine Prozeßordnung nicht gemacht für die Rechtsanwälte, sondern für die Bedürfnisse des Volkes. Es wird Niemand bestreiten, daß in unserm Jahrhundert Handel und Industrie eine früher nie geahnte Ausdehnung gewonnen haben, und zu den wichtigsten Thätigkeiten der Menschen gehören, daß sie ferner nicht allein die wohlhabenden Klassen beschäftigen, sondern auch einen sehr großen Theil der Arbeiter. Wenn aus einem Stande heraus, wie der Stand der Handeltreibenden und Industriellen ist, geltend gemacht wird, daß die Handelsgerichte ein Bedürfniß seien, so muß das in der That etwas für sich haben, denn die Interessirenden wissen in der Regel am besten, was ihnen noth thut. Noltemeier sagt: er kenne keine Handelsgerichte! — das bedaure ich; wer sie kennt, wird sie auch zu schätzen wissen. Unter den Handelsplätzen und industriellen Städten Europas nimmt Berlin unstreitig jetzt eine der allerersten Stellen ein. Es hat viele Orte, die vor dreißig Jahren noch erheblicher waren wie Berlin, im Börsen- und Waarengeschäft und in industriellen Unternehmungen weit überflügelt, und wie sehr dieser große, wohlhabende und intelligente Stand der Kaufleute und Industriellen von Berlin mit seinen weitverzweigten und in das Kolossale gehenden Geschäften — Sie haben beispielsweise keine Idee davon wie viele Börsengeschäfte täglich allein abgeschlossen werden — wie sehr dieser Stand das Bedürfniß nach sachverständiger Beurtheilung seiner Streitigkeiten fühlt, werden Sie aus Folgendem sehen:

Es bestehen hier an der Börse drei Schiedsgerichte; eines für die Produktenbörse, also für Streitigkeiten aus Liefergeschäften in Getreide, Spiritus, Oel und Oelsaaten. Es ist ein besonderes wohlorganisirtes Schiedsgericht, mit einem rechtsverständigen Beistande. Die Fondsbörse hat sich ein aus drei Kaufleuten bestehendes Schiedsgericht begründet der allereigensten und einfachsten Art, dem sich ein großer Theil der Börsenbesucher ein für alle Mal freiwillig unterworfen hat, und welches bei Streitigkeiten über die Lieferbarkeit von Papieren und über bestehende Usancen im Fondsgeschäft entscheidet, und zwar ohne jede Appellation; wer dem Ausspruche des Schiedsrichter nicht genügt, dem wird der fernere Zutritt zur Börse versagt. Neben diesen beiden Spezial-Schiedsgerichten besteht endlich noch auf Grund des landesherrlichen Statuts der Kaufmannschaft eine schiedsrichterliche Kommission der Aeltesten, bestehend aus sieben Mitgliedern und dem Syndikus der Korporation. Bei dieser schiedsrichterlichen Kommission, welcher ich seit sechs Jahren anzugehören die Ehre habe, kommen die interessantesten und intrikatesten Fälle vor, und es ist in der That bewundernswerth, wie die Kaufleute schwierige Fälle auseinander zu wickeln wissen, namentlich wenn ein Rechtsverständiger ihnen mit der Kenntniß des Gesetzes zur Seite ist.

Eine Einrichtung, wie sie am Rhein besteht, wo das kaufmännische Kollegium nur einen Gerichtsschreiber zur Hülfe hat, vermag ich nicht für gut zu halten; wenn aber ein Jurist den Vorsitz führt, so werden die Prozesse sachgemäß zur Entscheidung kommen. Meine Herren! Sie führen ja Alle kaufmännische Prozesse, und wissen, — in wenigen Fällen geht es ab, ohne daß resolvirt wird: „Gutachten der Aeltesten der Kaufmannschaft oder der Handelskammer!" Daß aber dann in vielen Fällen die Kaufmanns-Aeltesten oder die Handelskammer nicht wissen, was mit der aufgestellten Frage eigentlich gemeint sei und sich leider erst aus den Akten informiren müssen, beweist, daß die gelehrten Richter sich in die kaufmännischen Verhältnisse nicht recht hineinzufinden verstehen. — Es ist nun gesagt worden: wenn man für Kaufleute ein besonderes Gericht herstellen wolle, weshalb nicht auch für Schuhmacher, Schneider, Landwirthe und Künstler? — Der Unterschied liegt meines Erachtens auf der Hand. Keiner von allen diesen Ständen steht so in beständiger Verbindung und im fortwährenden Verkehr seiner Mitglieder unter einander wie Kaufleute und Industrielle, und Sie werden keinen Stand nennen können, der sich soviel Usancen und Gebräuche gebildet hat wie der Handelsstand. Ihrer Wichtigkeit und Ausdehnung wegen erkennt denn auch das Deutsche Handelsgesetzbuch §. 1 die verbindliche Kraft der Handelsgebräuche ausdrücklich an. Wenn es sich also um einen Stand handelt, den die Gesetzgebung selbst zu einer Art gesetzgeberischer Thätigkeit autorisirt, was eben durch das Handelsgesetzbuch geschieht, so erscheint doch nur folgerichtig, wenn für diesen Stand besondere Handelsgerichte etablirt werden, bei welchen in den kaufmännischen Beisitzern das aus dem Volke selbst heraus gewordene Recht sich gewissermaßen verkörpert und in jenen Sachverständigen dem gelehrten Richter zur Seite steht. Aus allen diesen Gründen bitte ich Sie, nicht gegen die Handelsgerichte zu stimmen.

Was endlich den Antrag Mecke betrifft, so glaube ich auch diesen Antrag aufrecht erhalten zu müssen. Es ist vom Kollegen Makower geltend gemacht worden, damit würde ein Privilegium geschaffen. Das kann ich nicht zugeben. Wenn einmal Handelsgerichte sein sollen, so werden sie ja nicht eingeführt um den Handelsstand damit zu begünstigen — das wäre kein rationeller Grundsatz —, sondern sie werden geschaffen, weil sie der kaufmännische Geschäftsverkehr erfordert. Sind sie aber um deswillen prinzipienmäßig nothwendig, so sind sie es auch für die Sachen unter 100 Thalern, denn gerade bei den geringeren Streitobjekten kommen erfahrungsmäßig die meisten Usancen zur Geltung. Es liegt übrigens auch gar nicht in dem Antrage Mecke, daß für die Bagatell-Handelssachen ein Kollegium von drei Richtern entscheiden soll, — für diese Sachen wird sich ein anderes Auskunftsmittel finden lassen. Es könnte beispielsweise ein gewiegter Kaufmann die Bagatellsachen allein entscheiden, oder man könnte dem Einzelrichter einen Kaufmann beiordnen. Sie brauchen deshalb nicht die ganze Organisation der Gerichtsbehörden zu stören. — Ich bitte den Antrag Laué zu verwerfen und den von Mecke und mir gestellten Antrag anzunehmen.

Justizrath v. Groddeck: M. H.! Ich muß mich gegen Herrn Kollegen Werenberg richten, daß wir keinen besonderen Beruf hätten, uns über die Nothwendigkeit der Handelsgerichte auszusprechen. Wir berathen die ganze Prozeßordnung nicht vom Standpunkte unseres Interesses aus, sondern vom Standpunkte des Rechtsbedürfnisses aus. — Was die Ausführung des Herrn Hinschius betrifft, so meine ich, ergiebt sich daraus das entgegengesetzte Resultat von dem, welches er daraus zieht. Wenn wir gestern abgelehnt haben, daß ein allgemeines Bedürfniß vorliegt, zu den gelehrten Richtern unserer ordentlichen Gerichte auch ungelehrte mit hinzuzuziehen, so meine ich, findet ein solches Bedürfniß, für die Handelsprozesse weniger als für irgend andere statt. Der Kollege Hinschius hat uns ja dargestellt, wie leicht der Handelsstand selbst das Bedürfniß befriedigt, ein Börsen-Schiedsgericht zu schaffen; ich meine, wo sich im Volke solch eine natürliche Entwicklung zeigt, hat der Gesetzgeber nicht einzugreifen und künstliche Einrichtungen an deren Stelle zu setzen. Ich glaube es hier sagen zu dürfen, daß ich vor wenigen Tagen meinen Vater, der seit 36 Jahren Vorsitzender eines Handelsgerichtes in Danzig ist, gefragt habe, ob er die Handelsgerichte für nothwendig erachte, und die einfache Antwort „Nein" erhalten habe.

Justizrath Hagens: M. H.! Es wird mir nicht für Anmaßung ausgelegt werden, mich hier noch zu äußern, denn ich habe manche Erfahrungen in verschiedenen Provinzen gemacht, und wenn ich die Frage ventiliren höre, ob wir ein Interesse bei der Sache hätten, so beziehe ich mich auf ein gestern hier gefallenes Wort, wonach wir glauben kompetent zu sein wie Geschworene, über dasjenige Vorschläge zu machen, was nach unserer Ueberzeugung gut, nützlich und nothwendig ist. Wenn nur durch die Rücksicht auf ein bloßes Standesinteresse bewogen, würde ich sogar ausdrücklich ablehnen müssen, meine Ansicht auszusprechen. Wir sprechen objektiv über den Entwurf, und sind vollkommen berufen, ein Guchachten darüber abzulegen. Es fehlen uns auch nicht die Kenntnisse, so daß wir nicht bloß theoretisch, sondern auch aus der praktischen Erfahrung darüber sprechen können, und ich glaube allerdings, daß die Praxis sich hier vorzugsweise geltend macht, und es ist wünschenswerth, daß die Praktiker hier ihre Erfahrungen zur Bearbeitung niederlegen. Ich bemerke, daß nicht ein mittelalterlicher Grundsatz allein die Grundlage der existirenden Handelsgerichte sind; selbst Frankreich, soweit seine Geschichte reicht, hatte noch lange vor den Ordonnanzen, welche die Grundlage alles französischen Rechtes sind, von jeher seine chambres des prud'hommes, nicht bloß für Handelsgegenstände, sondern auch für Seewesen, Bergrecht und ebenso für mancherlei Gewerbe, die über den gewöhnlichen Handwerksbetrieb sich emporgehoben. Aus diesen Kammern haben sich in den größeren Orten die Handelsgerichte entwickelt. Es ist schon vom Kollegen Hinschius dargelegt worden, wie wichtig die Handelsgerichte sind, und wie sie die Bedürfnisse ganzer Nationen umfassen. Erwägen Sie, daß heute von einem Standesgerichte nicht gesprochen werden kann, denn wer treibt Handel? Es sind Rentiers, Gutsbesitzer, alle Stände der Nation; Adel, Bürger und Bauer treibt Handelsgeschäfte, so daß die Gesetzgeber oft sagen müssen: wir wissen nicht die Schranken zu ziehen, wer Kaufmann ist und wer nicht. Wir dürfen auch nicht übersehen, daß auch die große Fabrikation dem Handel angehört. Ich glaube aber, nicht um ein Standesgericht handelt es sich, sondern um ein Gericht für Handelssachen. Wenn dann gesagt worden: ja die Schuster und Schneider betreiben auch Handel, und wenn die ein Gericht verlangen, so werden die Tischler und andere Leute auch eins verlangen! Nun, m. H., es ist doch dadurch, daß wir für ein Handelsgericht sprechen, diesen Ansichten gar nicht präjudizirt, wenn sie nothwendig werden, was sie 1849 nicht gewesen. Ich glaube daher, man muß den existirenden unbestreitbaren Bedürfnissen Rechnung tragen, und nicht Etwas aboliren, was schon besteht, sondern man kann nur fragen, ob es nicht anders zu konstruiren ist. Die Handelsgerichte sind meines Erachtens eine wahre Wohlthat für den Handel. Der Handel besteht wesentlich in Usancen, mögen im Obligationsrechte diese oder jene Regeln gelten, so geht der Handelsmann doch mit dem Kopfe durch die Wand, er sagt sich: so und so soll es gehalten werden, und so ist es Observanz, so ist es Usance, und das Handelsgesetz, aus dem das Recht zu schöpfen ist, erkennt die Usancen als erste Norm, nach welcher die Sache gehalten werden soll.

Wie wirkt aber das Handelsgericht? wird gefragt. M. H.! Am Rhein und in Berlin wirkt es sehr wohlthätig und entschieden muß ich der Ansicht beitreten, daß die gelehrten Richter, wie wir sie einmal haben, abgeschnitten von Allem, was staatsrechtlich ist, daß unsere gelehrten Richter keineswegs geeignet sind, in das Netz der Usancen und der feineren Beziehungen des Handels einzutreten. Der Kaufmann bildet die Usancen des Handels und übt sie auch am besten, da er wie kein Anderer geeignet ist, sie nach allen möglichen Beziehungen zu verstehen, und es auch nirgends mehr geeignet ist einen Techniker hinzuzuziehen als gerade in Handelssachen. Sollen sie aber zur Entscheidung maaßgebend sein, so halte ich unbedingt die Direktion durch ein juristisch gebildetes Element unter diesen für sehr nöthig, und gerade die praktischsten Handelsnationen, England und Amerika verstehen es gar nicht, warum nicht Juristen unter ihnen sitzen sollen. Es ist eingewendet worden: am Rhein ist das nicht der Fall. Das ist aber nur scheinbar, in der Wirklichkeit entscheidet doch der Handelsgerichtssekretär viele Sachen, und wenn er Zahnschmerzen hat, so muß man warten, bis diese vorbei sind, oder andere wenn auch unbekannt gebliebene Momente, ehe die Entscheidung kommt. Es ist höchst unangemessen, daß der Sekretär der Geist sein soll, der über dem grünen Tische waltet.

Es ist auch auf die Schiedsgerichte, namentlich hier in Berlin Bezug genommen; da muß ich denn, weil ich hier oft dabei beschäftigt gewesen bin, eben bei den Kaufleuten, anerkennen, daß die Herren Kaufleute in Handelssachen ganz vortreffliche Juristen sind. Aber die Sache ist die: auch sie bedürfen eines juristischen Elements, wenn auch nur in der Gestalt eines protokollführenden Assessors. Sie schaffen sich zur Hülfe irgend einen der Herrn Assessoren und sagen: führe uns das Protokoll; aber der Assessor ist weit mehr als Protokollführer. Ich habe den Fall gehabt, daß ich habe Monate lang auf das Erkenntniß warten müssen, weil der Assessor keine Zeit hatte und versetzt worden war. Ich bleibe dabei, daß die Handelsgerichte eine Nothwendigkeit für die Handelssachen sind, und daß es sich nur fragen könnte um die Organisation derselben — darum handelt es sich aber hier, wie ich glaube nicht, (Vorsitzender: Nein!) Sollte nun noch davon die Rede sein, ob wir ein Interesse dabei haben, so sagt das rheinische Handelsrecht, —

(Vorsitzender unterbrechend: Die Frage kommt nachher!)

Was nun noch die Bagatellsachen anbetrifft, ob also auch Handelsbagatellsachen vorkommen sollen, so muß ich mich gegen Mecke und Hinschius aussprechen, weil das die Handelsgerichte überladen hieße, so daß ich zweifle, ob Sie unter den Kaufleuten Richter dafür finden würden. Wünschenswerth wäre es allerdings. Denn was ist überhaupt Bagatellsache! Das ist kein objektiver, sondern nur ein subjektiver Begriff. Dem Einen ist ein Gegenstand von 70 Thlr. wichtiger als dem Herrn von Rothschild 7000 Thlr.

Vorsitzender: Ich will hier bemerken, daß die Handelskammern aus verschiedenen Provinzen beantragt haben, die Handelsgerichte so zu bilden, daß der Vorsitzende ein gelehrter Richter sei und zwei kaufmännische Beisitzer habe, und daß sie für die Handelsgerichte auch die Bagatellsachen zu haben wünschen, so daß der eben gehörte Einwand: die Herren würden überbürdet, — nicht Platz greifen kann.

Rechts-Anwalt Block (Magdeburg): Meine Herren, ich hoffe auf Ihre Verzeihung, wenn ich mich kurz fasse! — Es handelt sich also um den Antrag Laué; ich trete ihm bei, eventuell stimme ich gegen den Antrag Mecke. Laué will keine Handelsgerichte, — Mecke will noch mehr vor die Handelsgerichte gebracht haben! Wenn ein Vorredner erwähnt hat, daß schon bei Geschworenen die Zuziehung von Laien sich praktisch bewährt habe, so bemerke ich dagegen, daß die Geschworenen nur die Thatfrage entscheiden, und daß bei den Geschworenen nicht Fach- und Standesgenossen — denn man wählt doch nicht Verbrecher und Spitzbuben zu Richtern — erkennen, während bei Handelsgerichten speziell Kaufleute als Richter fungiren sollen. Was Herr Kollege Hinschius gesagt hat, spricht gegen die Handelsgerichte, denn die Berliner Börse hat schon mehrere Schiedsgerichte, Eins für die Fonds, Eins für Produkte 2c., denn natürlich, — was versteht der Banquier von Korinthen, der Leinwandhändler von Heringen u. dergl.! Da tritt dann der Fall ein, daß man Auskunft von den Aeltesten der Kaufmannschaft einfordert, oder die Partei muß einen Sachverständigen beibringen; man wendet sich an einen Fachmann!

Was Kollege Mackower von einem Herrn aus Hamburg sagt, hat mir derselbe Herr auch gesagt; aber wie hat er mir's gesagt? Nur nicht zwei Juristen dabei, die Kaufleute sind gleich einig! Ich frage die Kaufleute: Wie soll erkannt werden? und sie sagen entweder: der Verklagte muß zahlen! oder: der Kläger bekommt nichts! Ich prüfe dann die Sache, und ist sie dem bestehenden Gesetze nicht entsprechend, so sage ich: Meine Herren, das geht nicht so. Nach dem Edikte von 1653 2c. muß anders entschieden werden; damit begnügen sich die Herren. Trifft aber meine Entscheidung mit der der Kaufleute zusammen, so habe ich die Beruhigung, daß unbedingt richtig erkannt ist.

Aber, meine Herren, wie erfolgt denn die Zusammensetzung bei der jetzigen Gewerbeordnung, wo Jemand heute Hausknecht, morgen Kaufmann? Wer stellt denn die Richter an? Da wird z. B. der Kommerzienrath Ermeler (Ruf: ist todt!) oder Kommerzienrath X. erwählt. Der Tabakshändler entscheidet dann über eine ganz andere Frage, als über eine solche, die seinen Artikel betrifft. Was ist es denn, was gegen unser jetziges Verfahren spricht? — Die Kaufleute sagen, es geht zu langsam! Deshalb haben sich die Leute geholfen und bilden sich ihre Schiedsgerichte allein. Sie sagen: Ich muß wissen bei einem Streit über Aktienpapiere, ob zu liefern ist oder nicht, und in drei Tagen muß die Frage entschieden sein. Dieser Vorwurf, daß das jetzige Verfahren zu langsam, ist ein wohl begründeter.

Im Prinzip bin ich also gegen die Handelsgerichte, und stimme für Laué. Wenn man überhaupt für Handelsgerichte ist, muß man retten, was zu retten ist. Bei Mackower's Antrag aber kommt man in die schlimmsten Inkonsequenzen, und ich bitte deshalb den Antrag Laué anzunehmen und den Antrag Mecke abzulehnen!

Es wird Schluß beantragt und angenommen. Jedoch entspinnt sich ein Streit darüber ob unter diesem „Schluß" der Schluß der Debatte oder nur der Schluß der Rednerliste zu verstehen gewesen. Die Versammlung beschließt mit geringer Majorität, daß Herr Rechts-Anwalt Schröder (Altona) noch gehört werden solle.

Rechts-Anwalt Schröder (Altona): Meine Herren, Sie haben

aus den hier soeben gehaltenen Vorträgen erfahren, daß die Hamburger Kaufleute sich mit dem größten Interesse für den Fortbestand ihres Handelsgerichtes ausgesprochen haben und ich konstatire aus eigener Erfahrung die Richtigkeit dieser Auffassung der Stimmung des Hamburger Kaufmannsstandes. Sie wissen: Hamburg und Altona haben viele gemeinschaftliche Beziehungen und manche gleichartige Interessen. Es erklärt sich daher sehr leicht, daß man auch in Altona seit längerer Zeit bereits mit dem Plane umgegangen ist, ein Handelsgericht ins Leben treten zu lassen. Die desfälligen Anträge sind längst dem Justizministerium meines Wissens unterbreitet und wahrscheinlich sind sie nur in Folge der bevorstehenden Reorganisation der Prozeßordnung überhaupt ad acta gewiesen worden. — Sie haben ferner gehört, daß es Seitens unseres Herrn Vorsitzenden Namens des Berliner Kaufmannsstandes mit großer Lebhaftigkeit betont worden ist, daß in Berlin Handelsgerichte ein dringendes Bedürfniß seien. Ich denke, es dürfte sich aus diesen Thatsachen Ein Moment ergeben, das wir nicht außer Acht lassen müssen, und das zugleich für die ganze erste hier ventilirte Frage von großer und entscheidender Bedeutung werden wird.

Von welchen Städten haben wir bisher gesprochen? - Von größeren Handelsstädten und nur von solchen; wie verhält es sich nun aber mit der Errichtung von Handelsgerichten in kleineren Städten? Konstatiren Sie mir gegenüber: ist Ihnen jemals in einer kleinen Stadt von 5, selbst bis 10 Tausend Einwohnern der Gedanke entgegengetragen worden: Wir müssen ein Handelsgericht an Ort und Stelle haben!? — Ich glaube mich nicht zu irren, wenn ich für Sie Alle die Frage mit Nein beantworte. In solchen kleineren Städten ist absolut kein Bedürfniß dafür vorhanden. Der Gedanke, der hier ausgesprochen worden ist, daß die Schuster und Schneider ebensowohl auf ein ähnlich, wie die Handelsgerichte organisirtes Gericht einen Anspruch zu erheben hätten, wenn man dem Handelsstande seine eigenen Gerichte concediren wolle, würde dann allerdings seine Berechtigung haben, wenn man die Handelsgerichte da einsetzte, wo sich kein Bedürfniß dafür findet, und wenn man den Grundsatz aufstellen wollte: in jedem Orte, wo Handelsgeschäfte gemacht werden, müsse auch ein Handelsgericht bestehen. Die Gründe, welche Kollege Hinschius für die Handelsgerichte anführte, treffen meines Erachtens nur für große Plätze zu, nicht für kleinere.

Hinzukommt — und ich spreche das auf Grund langjähriger in einer Stadt von etwa 6000 Einwohnern gewonnener Erfahrung, — es ist selten möglich in Dem, was in einer so kleinen Stadt Handelsstand genannt wird, ein genügendes personelles Material für die Besetzung der kaufmännischen Richterstellen und für eine genügende Repräsentation der kaufmännischen Spezialinteressen im Handelsgerichte zu finden. Im Zusammenhang damit steht es, daß für die Beurtheilung der Frage über die Einführung der Handelsgerichte überhaupt die Frage nach der Ausdehnung ihrer Kompetenz von großer Bedeutung ist. Woher soll die erforderliche Kunde bei dem gewöhnlichen Detailwaarenhändler namentlich in einer kleinen Stadt kommen, wenn er über die intrikatesten Wechselsachen urtheilen soll, die ja der Entwurf den Handelsgerichten zugewiesen hat?! —

Aus diesen Gründen wollte ich Sie bitten, zu konstatiren, daß das Bedürfniß nach Handelsgerichten nicht allgemein, sondern nur in größeren Plätzen vorhanden sei, — wenn dies anders auch Ihre Meinung sein sollte. Ich glaube jedoch nicht, daß es thunlich sein wird, auf Grund dessen eine Umarbeitung des ersten Titels des Entwurfes unsererseits vorzunehmen, sondern ich meine, jene Ansicht müßte lediglich bestimmt von uns zum Protokoll konstatirt werden. Sollte ich mich aber auch darin irren, daß für die kleineren Handelstreibenden und für die kleineren Städte kein Bedürfniß für die Benutzung oder Errichtung von Handelsgerichten vorhanden sei, so ist in ausreichender Weise in dem Entwurf Fürsorge getroffen, daß einem etwaigen, jedenfalls nur vereinzelt sich geltend machenden Bedürfniß der gedachten Art auch in den kleineren Städten und für den kleineren kaufmännischen Betrieb ohne Errichtung von eigenen Handelsgerichten für sie genügt werden kann. Es läßt sich ja jedes an einem größeren Platz bestehendes Handelsgericht sofort zu einem prorogirten Gericht für den einzelnen Fall machen. Selbst die Altonaer Kaufleute haben bis jetzt kein eigenes Handelsgericht; sie unterwerfen sich ex pacto recht häufig für vorkommende handelsrechtliche Streitigkeiten der Kompetenz und dem Spruch des Hamburgischen Handelsgerichts. Es läßt sich somit meines Erachtens dem Bedürfnisse nach Handelsgerichten Rechnung tragen, ohne daß sie über den ganzen Bereich des Norddeutschen Bundes hin an jedem Orte, wo Amtsgerichte bestehen, errichtet zu werden brauchen.

Es wäre etwa ein doppelter Ausweg vorhanden, um, wenn meine Ansicht richtig sein sollte, über die ventilirte Frage hinwegzukommen. Der eine: man könnte den gestern abgelehnten Antrag v. Groddeck's mutatis mutandis der Gesetzes-Kommission zur weiteren Erwägung empfehlen und sagen: Wenn es auch von Seiten des Anwaltstages verneint sei, daß in allen Civilsachen Schöffen ad libitum der Parteien zugezogen werden können, so sei doch zu erwägen, ob nicht für Handelssachen, wenigstens an kleineren Plätzen, ein solcher Ausweg gewählt werden könne! Oder es würde eine Bestimmung dahin zu treffen sein, daß Handelsgerichte nur in denjenigen Städten, wo nach dem Ermessen der Landesgesetzgebung ein Bedürfniß dafür vorhanden ist, eingerichtet werden. Für diesen letzteren Ausweg möchte ich mich erklären.

Ich habe eine Form für den Antrag nicht gefunden. Es wird genügen, zu konstatiren:

„Die Handelsgerichte sind nicht allgemeines Bedürfniß in dem Sinne, daß sie nicht für kleinere Städte entbehrt werden könnten. Der Landesgesetzgebung ist es zu überlassen, die Bestimmungen des Entwurfs über die Handelsgerichte da in Anwendung zu bringen, wo sich ein desfälliges Bedürfniß ergiebt."

(Der definitive Schluß wird jetzt angenommen. — Bei der darauf erfolgenden Abstimmung wird der Antrag Laué mit 19 gegen 11 Stimmen angenommen; die weiteren Anträge von Mecke-Hinschius und Schröder fallen dadurch fort.)

Vorsitzender: Zu Titel 1, Seite 5 sind Anträge nach zwei Richtungen hin aufgenommen worden. Zu den Anträgen auf Erweiterung der Amtsgerichts-Kompetenz auch der Antrag v. Groddeck:

„dem §. 3 hinzuzufügen:

4) Besitzstörungs-Prozesse,
5) Urkunden- und Wechselprozesse,
6) Rechtsstreitigkeiten zwischen Gesinde, Hausoffizianten oder Gewerksgehülfen einerseits und Herrschaften oder Prinzipalen andererseits."

Justiz-Rath v. Groddeck: Nur drei Worte habe ich zur Motivirung dieses Antrages. Ich habe im Allgemeinen große Bedenken, ob die Einzelrichter nützlich sind. Sie sind aber unentbehrlich und es giebt nur ein Mittel sie gut zu machen, nämlich, wenn man ihnen eine wichtige Stellung giebt; dann werden sie selbst angetrieben gut zu sein.

Ein Ungenannter: Ich bin gegen den Antrag weil ich überhaupt gegen Einzelrichter bin. Ich bin der Ansicht, daß man nicht die Einzelrichter vermehren solle, sondern ihre Thätigkeit einschränken; ich bin nur für Richter-Kollegien!

Bei der jetzt erfolgenden Abstimmung wird der Antrag Groddeck in allen drei Punkten abgelehnt.

Zur Berathung stehen nunmehr die auf diesen Gegenstand bezüglichen Anträge des Rechtsanwalts Schlüter in Witten:

„Der Anwaltstag wolle beschließen, der für die Berathung der Norddeutschen Civil-Prozeßordnung eingesetzten Kommission folgende Vorschläge zur Annahme zu empfehlen:

I. zu §. 3 des Entwurfs:

Das Prinzip der Festhaltung einer Werthgrenze für die Amtsgerichtssachen vollständig zu verlassen und den §. 9 dahin zu fassen:

Vor die Amtsgerichte gehören:

a. Die Rechtsstreitigkeiten, welche die Zahlung einer bestimmten Geldsumme, oder die Lieferung einer bestimmten Quantität anderer vertretbarer Sachen oder Werthpapiere zum Gegenstande haben.

Ausgenommen sind nur die Forderungen aus zweiseitigen Verträgen, wenn die dem Kläger obliegende Gegenleistung noch nicht erfolgt ist, und die Wechsel- und Handelssache (§. 7);

b. Die Rechtsstreitigkeiten zwischen Miether und Vermiether, wegen Ueberlassung oder Räumung eines vermietheten Lokales, sowie zwischen Pächter und Verpächter, wegen Ueberlassung oder Räumung städtischer Grundstücke, ländlicher Gärten oder einzelner ländlicher Grundparzellen;

c. Die Rechtsstreitigkeiten aus einer außerehelichen Schwängerung;

d. Die Rechtsstreitigkeiten, welche die Interventionen in

der Exekutionsinstanz und die Anfechtung von Verträgen, auf Grund des Gesetzes vom 9. Mai 1855, zum Gegenstande haben;

e. Die interimistische Feststellung eines streitig gewordenen Besitzstandes;

f. Die Rechtsstreitigkeiten, welche die Anlegung oder die Aufhebung eines Arrestes zum Gegenstande haben;

g. Die Rechtsstreitigkeiten, welche die Fortsetzung oder die Aufhebung eines schon begonnenen Baues zum Gegenstande haben.

In allen diesen Streitigkeiten kann der Richter auf den motivirten Antrag einer Partei und muß auf den übereinstimmenden Antrag beider Theile, die Sache zur Verhandlung und Entscheidung an das Landgericht abgeben."

Rechtsanwalt Schlüter (Witten): Ich bin mit ein paar Worten fertig; ich werde mich um so kürzer fassen, als anscheinend die Versammlung doch dem Antrage nicht hold sein wird. Ich bin bei meinem Antrage von der Voraussetzung ausgegangen, daß ein Kollegialgericht allemal dem Einzelrichter vorzuziehen sei, und daß man dem Amtsrichter nur deshalb die Einzelrichtersachen zugewiesen hat, weil unmöglich die Kollegialgerichte die Arbeit zu bewältigen vermögen. Es fragt sich nun: Welche Arbeit soll dem Amtsrichter gegeben werden? — und da glaube ich, daß das jetzige Verfahren von einem durchaus unrichtigen Principe ausgeht. Es ist durch Nichts bedingt, die Sachen nach Werthen zu scheiden und die Werthobjekte nach 20 Thaler, 100 Thaler oder 150 Thaler abzumessen, — das ist eine rein willkürliche Grundlage. Es sind aber auch die allergrößesten Unzuträglichkeiten damit verbunden. Nehmen Sie an, daß bei demselben Gerichte und gegen denselben Verklagten auf Grund eines Kaufvertrags heute eine Interventionsklage in einer kleinen Sache unter 50 Thaler in der Exekutionsinstanz eingereicht wird, und morgen gegen denselben Verklagten, in derselben Sache, mit derselben Interventionsklage über 50 Thaler vorgegangen wird, so sagt vielleicht der Bagatellrichter in jenem Falle: ich überzeuge mich, daß der Vertrag nur ein Scheingeschäft ist. In dem anderen Falle sagt der Kollegialrichter: ich habe die Ueberzeugung nicht! Wir haben ähnliche Fälle in der Praxis vielmals gehabt, wo dasselbe Gericht verschiedene Ansichten hat, und das Publikum beschwert sich mit Recht darüber, weil es mit seinem gesunden Menschenverstande nicht einsehen kann, daß dasselbe Gericht in der gleichen Sache zwei verschiedene Ansichten haben kann. Was aber wichtiger ist, so müssen Sie bedenken — und darüber können wir ja doch nicht in Zweifel sein — daß die Prozesse unter 50 oder auch unter 100 Thaler die Prozesse der sogenannten „kleinen Leute" sind. Nun haben wir doch den Grundsatz in der Verfassung, daß jeder Staatsbürger vor dem Gesetze gleich ist. Warum soll bei dem kleinen Mann, beim Armen, der Einzelrichter entscheiden, während bei dem Reichen der ganze Apparat des Prozesses in Bewegung gebracht wird?! Warum soll man bei dem Armen nur das beneficium flebile des Rekurses haben, und er, wenn er nicht pünktlich erscheint, rettungslos verurtheilt werden, während der reiche Mann sich restituiren lassen kann?! — Warum soll der Arme gleich exequirt werden, während der Reiche das Recht hat, immer noch neue Beweismittel herbeizubringen und sich durch eine sechswöchige Appellationsfrist noch retten kann?! — Darum, glaube ich, wäre es zweckmäßig, eine andere Eintheilung der Prozesse zu suchen, und dies läßt sich auch machen. Es giebt gewisse Kategorien von Sachen, von denen man von vornherein annehmen kann, sie werden sich leicht entscheiden lassen, sie werden nicht viel Kopfzerbrechen machen; und wenn auch einmal aus einer anscheinend kleinen Sache ein großer Prozeß werden kann, so muß man nur ein Mittel haben, welches als Sicherheitsventil dient, und das, glaube ich, ist gegeben in dem Satze am Schlusse meines Antrages, nämlich daß der Richter auf den motivirten Antrag einer Partei oder auf den übereinstimmenden Antrag beider Theile die Sache an das Landgericht zur Kognition abgeben kann resp. abgeben muß. Im Uebrigen glaube ich, daß die einzelnen Punkte meines Antrages dasjenige umfassen werden, was in der Regel nicht gerade von innerlicher Bedeutung ist. Es würden hiernach als von wesentlicher Bedeutung den Landgerichten verbleiben die Fragen über Servituten, Bergwerkssachen, Erb- und Familienrecht, Eigenthumsprozesse u. s. w., die Fragen bei Entschädigungen, über das ob oder ob nicht, während die Fragen der Feststellung der Werthabschätzung doch wieder dem Amtsgerichte zufallen würden.

Rechtsanwalt Dr. Bohlmann: Ich glaube, daß das Prinzip des Herrn Vorredners an sich richtig ist, daß nämlich eine gewisse Ungerechtigkeit darin liegt, die kleineren Prozesse dem Einzelrichter zu überweisen, während dieselben Rechtsfragen bei einem größeren Gegenstande vor einem Kollegium verhandelt werden, ferner darin, daß die Rechtsmittel in dem ersten Falle ganz andere sind, als in dem zweiten. Ich glaube aber, daß dennoch praktische Gründe den Vorschlag nicht empfehlenswerth erscheinen lassen. Der erste Gesichtspunkt hierfür möchte sein, daß dem gemeinen Mann in jedem einzelnen Falle leicht erkennbar sein muß, an welchen Richter er sich zu halten hat. Wenn man zu dem gemeinen Manne sagt: Du kannst zum Amtsgericht gehen außer in einer Reihe von (kasuistisch geregelten) Fällen, so sind das Definitionen, die sich schwer in den Verkehr hineinleben und schwer verständlich sind. Ich kann außerdem auch nicht zugeben, daß gerade diejenigen Kategorien, die der Antragsteller ausgesondert hat, zu denjenigen gehören, welche sich als einfach bezeichnen lassen und für die Zulassung des Einzelrichters maßgebend sein können, also z. B. die Rechtsstreitigkeiten zwischen Miether und Vermiether, Pächter und Verpächter, welche oft Fragen der schwierigsten und weitläufigsten Art umfassen. Ferner Interventionsklagen und die außerordentlich verwickelten Streitigkeiten, welche auf die Anfechtung von Verträgen sich beziehen. Ich erinnere in letzterer Beziehung an die bekannten Kontroversen, über welche unsere Jurisprudenz fortwährend schwankt. Ueber Besitzstörungsprozesse haben wir heute schon ein dem Antrag entgegenstehendes Votum abgegeben.

Ich glaube, diese Bemerkungen genügen, um die Vorschläge des Herrn Vorredners unannehmbar erscheinen zu lassen. Ich glaube, man leistet dem Prinzip Genüge, wenn man der Gesetzgebung im Allgemeinen empfiehlt, bei der zweiten Lesung vielleicht noch die im §. 3 des Entwurfs ausgesonderten Kategorien durch andere zu erweitern. Die von dem Herrn Antragsteller proponirten Kategorien halte ich aber für hierzu ungeeignet.

Vorsitzender: Ich werde erst darüber abstimmen lassen, ob wir das Prinzip der Werthgrenze vollständig verlassen wollen.

Rechtsanwalt Schlüter (Witten): Ich ziehe den zweiten Theil meines Antrages zurück!

Vorsitzender: Dann hätten wir nur über den ersten Theil desselben abzustimmen, der da lautet: „Der Anwaltstag wolle beschließen u. s. w. das Prinzip der Festhaltung einer Werthgrenze für die Amtsgerichtssachen vollständig zu verlassen."

Der Antrag wird abgelehnt.

Es folgt der Antrag des Rechtanwalts Eisermann zu §. 3 II: „2 und 3 dürften in Wegfall zu bringen sein."

Rechts-Anwalt Eisermann (Frankfurt): Meine Herren! Der Entwurf geht offenbar von der Ansicht aus, daß die Kollegial-Gerichte besser entscheiden als der Einzelrichter, und wir werden uns mit dieser Ansicht gewiß in Uebereinstimmung befinden. Nun werden aber den Amtsgerichten die Bagatellsachen überwiesen und die Grenzen derselben etwas weiter gesteckt als bisher in den altländischen Provinzen, und doch noch drei Ausnahmen gemacht. Die erste Ausnahme: „Mieths-Immissions- und Exmissionssachen", lasse ich mir gefallen, einmal, weil dergleichen Sachen ein sehr schleuniges Verfahren erfordern, was bei den Landgerichten nicht vorauszusetzen ist, und sodann, weil sie einfach sind. Daß aber sämmtliche Rechtsstreitigkeiten aus dem Viehhandel, auch wenn das Objekt 100 Thaler übersteigt, dem Einzelrichter zugewiesen werden sollen, das glaube ich, ist durchaus ungerechtfertigt, denn, sind die Rechtsstreitigkeiten zwischen Kaufleuten oder Viehhändlern entstanden und werden einmal Handelsgerichte gebildet — und sie werden gebildet werden trotz unserer Abstimmung — so ist es doch wohl am gerathensten, diese Sachen, die von beiden Seiten Handelssachen sind, den Handelsgerichten zu überweisen. Sind sie aber nicht von beiden Seiten Handelssachen, so sind sie für den Einzelnen eben so wichtig, als jede andere Sache. Darum würde ich die Rechtsstreitigkeiten aus dem Viehhandel über 100 Thaler den Landgerichten resp. Handelsgerichten überweisen. Sie sind aber auch nicht so leicht, wie man sie sich vielleicht denkt, denn Rechtsstreitigkeiten aus dem Viehhandel können in alle Rechtsgebiete hinüberspielen.

Was die Streitigkeiten aus einer außerehelichen Schwängerung betrifft, so bemerke ich, daß die Objekte nicht geringfügiger Natur sind; in der Regel betragen sie zwischen 300—600 Thaler. Es handelt sich auch nicht bloß um Alimente, sondern auch um die Vaterschaft und um ein Erbrecht. Diese Sachen sind auch nicht so überaus einfach, wie man sich denkt, wenn man wenig damit zu thun hat. Vergleichen

Sie die Entscheidungen des Obertribunals aus neuerer Zeit, so werden Sie finden, daß die Vorinstanzen häufig verschiedene unrichtige Ansichten haben über die Begriffe der Verführung, des Berüchtigtseins, der Bescholtenheit ꝛc. Will man durchaus ganz einfache Sachen auch über 100 Thaler für die Amtsgerichte haben, so würden sich andere finden lassen, z. B. Streitigkeiten aus dem Depositum, aus dem Darlehn. Ich bin aber überhaupt dagegen, das Prinzip weiter zu durchbrechen, als nöthig ist und würde nur dafür stimmen, Immissions- und Exmissionssachen ohne Rücksicht auf den Objektswerth den Amtsgerichten zu überweisen, im Uebrigen aber die Positionen 2 und 3 im §. 3 II zu streichen.

Vorsitzender (zur Abstimmung schreitend): Ist die Versammlung dafür, daß die Streitigkeiten aus dem Viehhandel nicht der Kompetenz der Amtsgerichte zugewiesen werden? — — — Minorität!

Zweitens, zu erklären: daß die Rechtsstreitigkeiten aus außerehelichen Schwängerungen nicht den Amtsgerichten, ohne Unterschied des Betrages, zugewiesen werden? — — — Minorität, — also auch abgelehnt!

Ich will nun zunächst bemerken, daß das Bureau beschlossen hat, und daß auch der Antrag Henschke dahin geht: sobald Titel 1 durchberathen ist, sämmtliche Titel bis 14 auszusetzen, und daß wir dann Titel 14, 15 und 20 als das bei weitem Wichtigere vorweg nehmen. Wir fahren also zunächst in der Berathung des Titel 1 fort.

Dahingehend sind noch einige Anträge gestellt zu §. 7, von der Kompetenz der Handelsgerichte. Es fragt sich nun, ob die Versammlung spezielle Vorschläge für den §. 7, obgleich sie die Handelsgerichte abgelehnt hat, noch annehmen will; dafür spricht der Umstnnd, daß die Handelsgerichte trotz Ihres Beschlusses doch werden eingeführt werden. Ich lasse daher hierüber abstimmen: Will die Versammlung noch eine Diskussion über §. 7 haben? — — — Minorität.

Dann ist noch ein Antrag Schlüter zum §. 8 auf die Handelsgerichte bezüglich, und ebenso ist es mit §. 9. Beide sind nun dadurch ebenfalls erledigt.

Wir würden nun zu Tit. 14 übergehen können; es ist indessen folgender Antrag zur Geschäftsordnung eingegangen vom Kollegen Werenberg:

> Nachdem der Schluß der Debatte von der Versammlung beschlossen worden, darf nur dem etwaigen Referenten noch zum Schluß das Wort gegeben werden.

Nach kurzer Diskussion über diesen Antrag werden, einem Amendement Laué's gemäß, die Worte „dem etwaigen Referenten" in „dem Antragsteller" umgeändert, und mit dieser Modifikation der Antrag dann angenommen.

Vorsitzender: Wir gehen nunmehr über zu Titel 14, 15 u. 20.

Rechtsanwalt Dr. Bohlmann: Meine Herren! Die drei Kapitel von den Schriftsätzen, von der Klage und Widerklage und von der mündlichen Verhandlung, sind die fundamentalsten des ganzen Entwurfs. Es sind zu diesen Titeln, namentlich zum Titel 20, eine solche Menge von Anträgen gestellt, daß ich schon deshalb die Pflicht habe, meine Ausführung in aller knappster Form und größter Kürze zu halten. Ich schlage vor, daß jeder Titel einzeln durchgenommen wird und hierzu die einzelnen Anträge erledigt werden. In der That lassen sich die Materien sehr gut trennen. Titel 14 enthält die Lehre von den Schriftsätzen, und die Redaktion dieses Titels geht ganz unverkennbar von den beiden Hauptprinzipien des Entwurfs aus, deren erstes dahin geht, daß nicht der Richter, sondern die Partei Herr des Streites ist, daß also der Partei auch der Betrieb des Prozesses allein obliegt. — Das weite hier hervortretende Prinzip ist das der Mündlichkeit. Die Anwendung des ersten Prinzipes im Titel 14 zeigt sich zunächst darin, daß die Instruktion des Faktums durch den Richter vor der mündlichen Verhandlung, ganz abgeschafft ist. Man hat also, wenigstens in Anwaltsprozessen, nicht mehr die Wahl, die Anträge zu Protokoll zu erklären, oder durch einen Anwalt einzureichen, sondern die Partei ist zur Annahme eines Anwaltes gezwungen, und der Anwalt hat die Schriftsätze einzureichen. Nur in Nichtanwaltsprozessen wird die Aufnahme von Parteischriften zu Protokoll, nicht aber des Richters, sondern des Gerichtsschreibers zugelassen.

Das Prinzip der Mündlichkeit äußert seine Geltung in diesem Titel darin, daß es die sämmtlichen Schriftsätze nur für vorbereitende erklärt, und den Schwerpunkt in die mündliche Verhandlung legt. Es kann also nicht mehr in Frage kommen, ob ein Faktum in der Klagebeantwortung oder in der Duplik hätte angeführt werden müssen, und etwa in der Audienz verspätet angebracht wird; es kann ferner nicht mehr darauf ankommen, hier und da ein behauptetes Faktum bei einer späteren Gelegenheit zu modifiziren, sondern es entscheidet lediglich das Schlußresultat, wie es sich später in der mündlichen Verhandlung, unter Zuhülfenahme des Protokolls, herausstellt. Ich werde später auf die Bedeutung des Protokolls zurückkommen. Jenes andere Prinzip, daß nämlich Rechtsanwälte resp. die Parteien selbst den Prozeß betreiben, äußert sich u. A. in der Art, wie die schriftlichen Beweismittel mitgetheilt werden. Urkunden werden entweder abschriftlich oder im Extrakt den vorbereitenden Schriftsätzen beigefügt, in einzelnen Ausnahmefällen, welche besonders bemerkt sind, genügt eine Abbreviatur. Ferner findet im Anwaltsverkehr die Mittheilung der Urkunden von Hand zu Hand der Anwälte statt. Im Uebrigen ist, damit die Parteien von den Originalien Einsicht nehmen können, vorgeschrieben, daß vor der Verhandlung, während einer bestimmten Zeit die Originalurkunden auf der Gerichtsschreiberei ausliegen.

Diese Bestimmungen des Entwurfs stehen im inneren Zusammenhange damit, daß z. B. auch das ganze Insinuationswesen ebenfalls dem selbstthätigen Betriebe der Anwälte und Parteien anheimgegeben ist. Ich will dahingestellt sein lassen, ob hierbei nicht dem Anwaltsstande ein Maß von subalterner Thätigkeit aufgebürdet wird, welches eine Menge von besser zu verwendender Arbeitskraft zum Nachtheile der Parteien absorbirt. — Die Vorlegung von Urkunden erst in der mündlichen Verhandlung hat ebenso meines Wissens bisher niemals in der Praxis wesentliche Zeitverluste oder Schwierigkeiten erregt, und ich halte die Urkundenauslegung auf der Gerichtsschreiberei für eine ganz vermeidliche Weitläufigkeit. Vielleicht bringt aber das novum eine andere, für den Richter jedenfalls erfreuliche Folge: den Wegfall der Vigilanz der Gerichte auf Stempelstrafen. Doch dies ganz beiläufig.

Die Anträge der Herren Kollegen zu diesem Titel richten sich nun hauptsächlich gegen diejenige Ordnung des Verfahrens in Nichtanwaltsprozessen, welche der Entwurf getroffen hat. Es sind die Fragen für uns die:

a. wie steht die Advokatur zu dieser einfacheren Form des Prozesses? Ist es rathsam, dabei quemlibet ex populo als Vertreter zuzulassen?

b. soll der Schriftwechsel in Nichtanwalts- und Handelsprozessen wirklich ausgeschlossen sein?

Ich mache Sie bei diesem Punkt vornehmlich aufmerksam auf die vom Herrn Kollegen Dr. Heidenfeld gestellten, besonders abgedruckten Anträge.

(Auf die Frage des Referenten, ob über die einzelnen Anträge jetzt abgestimmt werden solle, beschloß die Versammlung, den Referenten erst bis zu Ende zu hören.)

Rechts-Anwalt Dr. Bohlmann fortfahrend: Der Titel 15 handelt von der Klage und Widerklage. Bei dieser Gelegenheit tritt ein anderes Prinzip des neuen Entwurfs sehr deutlich hervor, das Prinzip nämlich, das materielle Recht wo irgend angänglich über das formelle zu stellen, und wir verlassen hiermit die Eventualmaxime, welche bisher im Prozeßrecht gegolten hat. Zunächst ist hinsichtlich des Begriffs der actio nata, der zunächst festzustellen war, ein ziemlich weiter Spielraum gestellt. Es ist erlaubt, daß z. B. auf Anerkennung einer Urkunde, daß auf Feststellung bestimmter Rechtsverhältnisse geklagt werden kann, ohne daß eine thatsächliche Rechtsverletzung vorangegangen zu sein braucht. Der Mangel einer solchen hat nur auf den Kostenpunkt Einfluß.

Als fernere anerkennenswerthe Fortschritte sind folgende Bestimmungen hervorzuheben: Der Prozeß kann ausgedehnt werden über seine ursprünglichen Grenzen. Es ist ausgesprochen von dem Gesetzgeber, daß über den ursprünglichen Klageantrag hinausgegangen werden kann, einmal dann, wenn sich ein Inzidenzpunkt ergiebt, welcher präjudiziell in das ganze Rechtsverhältniß, welches erörtert wird, eingreift. Es wird dies der Fall sein, wenn z. B. eine einzelne Sache aus einem Nachlaß beansprucht wird, und in diesem Streite zugleich nachträglich auf Feststellung des Erbrechts das Petitum erweitert wird. Aehnlich bei Verwandlung des ursprünglichen Gegenstandes in eine Interesseforderung u. s. w.

Eine zweite Erweiterung der Klage ist darin gegeben, daß die Grundsätze über die Ausdehnung und Aenderung des Klagefundamentes mit äußerster Freiheit normirt sind. Es ist bis jetzt oft in Prozessen vorgekommen, daß bei Abweisungen „in der angebrachten Art" nicht einmal der Verklagte, welcher absolvirt wurde, mit der Entscheidung zufrieden war. Es ist im Entwurf zugelassen worden, in dieser Richtung hin, namentlich auch in Bezug auf Nebenforderungen, Erweiterungen, Berichtigungen und Ergänzungen vorzunehmen.

Es sind ferner im Titel 15 die Bestimmungen über die Rechtshängigkeit gegeben. Hier möchte ich nur darauf aufmerksam machen, daß der Entwurf möglicher Weise einer Inconsequenz geziehen werden kann. Es wird einmal gesagt, daß bei der Klage die Rechtshängigkeit durch die Erhebung der Klage selbst eintritt. Anders aber ist es bei der Widerklage, da tritt die Rechtshängigkeit erst mit der mündlichen Verhandlung ein. Ich will dahin gestellt sein lassen, ob nicht die Widerklage nach denselben Prinzipien wie die Klage gemessen werden muß, und bemerke nur, daß bei der Widerklage nach dem Entwurf hinsichtlich der Litigiosität, in der Zeit zwischen dem Anbringen des Anspruchs und dem Eintritt der mündlichen Verhandlung Folgen eintreten könnten, die die Gesetzgebung nicht gewollt hat.

Doch bei der vorrückenden Zeit gehe ich nun zu Titel 20 über, der den Schwerpunkt des Verfahrens bildet.

Hier sind mehrere sehr wichtige Fragen, die der Diskussion bedürfen werden. Die Oeffentlichkeit der Verhandlungen ist als selbstverständlich vorauszuschicken. Sodann ist das Prinzip der Mündlichkeit ausgesprochen im §. 287. Ich will bei dieser Gelegenheit bemerken, daß mir schon die Redaktion dieses Paragraphen eine sehr unglückliche zu sein scheint. Die Wendung: „sofern nicht dieses Gesetzbuch Anderes bestimmt,“ kommt nicht allein hier, sondern unzählig oft im ganzen Entwurf, z. B. im Titel 18 in den drei ersten §§. fortwährend vor; desgleichen finden wir schon im §. 288 Tit. 20 dieselbe Fassung wieder.

Die Debatten werden sich nun voraussichtlich in der Richtung bewegen, ob der mündlichen Verhandlung in der That eine solche Kraft zuzusprechen ist, und ob nicht im Interesse des Publikums sowohl, wie im Interesse des Richters eine größere Fixirung im Wege der Schriftlichkeit erfordert werden möchte. Es ist dies der Punkt, wo ich, an einen späteren Titel anknüpfend, über die Protokolle etwas sagen muß. Es ist im §. 390 verordnet, daß die mündliche Grundlage auch dann Anwendung findet, wenn die im §. 389 vorgeschriebene Feststellung der Vorträge unterblieben ist. Es wird also möglich, daß der erkennende Richter in seinem Erkenntniß Thatsachen berücksichtigt, welche weder in den vorbereitenden Schriftsätzen, noch in dem vorausgegangenen Protokoll ihre Niederschrift finden. Damit aber wird der Suppeditirung Thür und Thor geöffnet, und wie es am Rhein vorkommt, würde es auch hier geschehen, daß hinterher unter den Richtern per majora abgestimmt wird, was denn — ich meine Thatsächliches — eigentlich der Rechtsanwalt gesagt habe? In dieser Richtung scheint es mir durchaus nothwendig, daß im Interesse der Parteien Kautelen gegen Mißverständnisse und Unaufmerksamkeiten geschaffen werden. Der zweite Punkt, den ich bei Erörterung der mündlichen Verhandlung berühren muß, ist der: Wer trägt das Faktum vor? Wenn die Anwälte vortragen, wird das Faktum mehr oder weniger getrübt erscheinen. Der zweite Anwalt wird möglicherweise die ganze Sachlage anders darstellen, wie der erste, und der Richter möchte kein ganz klares Bild von der Sache bekommen.

Mehr oder weniger wird also, zumal das Gedächtniß des Richters in irgend verwickelten Sachen unmöglich hinreicht, die Schriftlichkeit durch eine Hinterthür doch zugelassen werden müssen. Wozu denn nun nicht zugeben, daß in gewissen Grenzen auf die Schriftsätze recurrirt werden kann und recurrirt werden muß?

Ein anderer Punkt ist folgender: diejenige abschließende Kraft, welche das preußische Recht hinsichtlich der Anführbarkeit von Thatsachen und Beweismitteln der mündlichen Verhandlung giebt, ist nicht festgehalten. Im Zusammenhange mit der im Titel 19 in sehr weitem Umfang zugelassenen Restitution, welche sogar Restitution gegen versäumte Restitution kennt, ist die nachträgliche Zulassung von Parteianführungen nach der mündlichen Verhandlung so sehr erweitert, daß mir die Prozeßsicherheit allzu sehr bedroht, und der Chikane Thür und Thor geöffnet zu sein scheint. Es ist ferner bei Besprechung der mündlichen Verhandlung die Frage nach dem Referenten zu erörtern. Es wird, wie die Sachen jetzt liegen, kein Referent bestellt; das Kollegium, welches sich vorher nicht informirt hat, erhält den ersten Eindruck von der ganzen Sachlage aus der Darstellung der Parteien. Es wird dies in verwickelten und schwierigen Sachen zu Unzuträglichkeiten führen, und ein übersichtliches Bild von dem, was gesagt worden, vom Kollegio nicht davongetragen werden. Sie werden zu erörtern haben, ob Sie dem zustimmen können. Für eine vermittelnde Meinung ließe sich bei diesem Punkte aber im Entwurf selbst eine Anknüpfung finden. Es hat der Entwurf im letzten Titel (§. 713) einen Prozeß, welcher die Richtigkeit einer Rechnung oder eine Vermögensauseinandersetzung zum Gegenstande hat. In solchen Sachen kann das Prozeßgericht vor dem Beschluß ein vorbereitendes Verfahren durch einen einzelnen Richter anordnen. Warum sollte nicht auch in geeigneten Sachen eine größere Klarstellung des Sachverhalts durch Ernennung eines Referenten aus der Zahl der Richter erreichbar sein? Würde man beim Referat ganz allgemein dem Vorsitzenden freies Ermessen lassen facultativ einen Referenten zu bestimmen, der mit Zuhilfenehmen des schriftlichen Verfahrens das Sachverhältniß aufklärt, in Fällen, die minder einfach sind, so würde sehr naturgemäß die Praxis bald sich so gestalten, daß in einfachen Fällen die Anwälte die Sachen vortragen, daß in schwierigeren Fällen dagegen dem Vortrage der Anwälte ein Referat voranginge, welches in ganz objektiver Weise das unstreitige Resultat des bisherigen schriftlichen Verfahrens voranschickte. Ich komme hierbei auf die Stellung, welche den Anwälten nach dem Entwurf im Allgemeinen zugewiesen ist. Sie ist eine ziemlich gedrückte, um nicht zu sagen, entwürdigende. Alles hängt, nach dem Entwurf, von der Vorbringung in der mündlichen Verhandlung ab. Der §. 292 verordnet nun: „Wem von den Prozeßbevollmächtigten die Fähigkeit zum geeigneten Vortrag mangelt, dem kann das Gericht den weiteren Vortrag untersagen."

Nun wenn diese Bestimmung auf Anwälte angewendet wird, in welche Lage würde der Stand kommen? Ich meine, es ist völlig unmöglich, nachdem die Qualifikation des Anwalts festgestellt ist durch Examina, und wenn ein solcher Anwalt sich schon in der Praxis bewährt hat, daß es dann dem Richter freistehen soll, ihm ohne weiteres die Qualifikation zu seinem Vortrage abzusprechen und ihn in der Verhandlung, der Partei aber alles Gehör unmöglich zu machen? Ich glaube, daß hier die Resolution wird gefaßt werden müssen, daß diese Bestimmung schlechterdings auf Anwälte nicht anwendbar sei. Ferner sind hinsichtlich des richterlichen Fragerechts Bestimmungen aufgestellt, wodurch der Anwalt im höchsten Grade mit Mißtrauen behandelt wird. Die Richter sind befugt, über den Kopf des Anwaltes hinweg Fragen an die Partei zu richten, und s Antworten zu erzielen, die, weil sie vielleicht nur nicht überlegt sind, möglicherweise dem Partei-Interesse zuwiderlaufen und dem Rathe widersprechen, welchen der redlichste Anwalt zu geben verpflichtet ist. Es ist ferner hinsichtlich der Stellung der Anwälte nicht unbedenklich, ob in Anwaltsprozessen neben den Anwälten auch der Partei selbst das Wort gestattet wird? Ich glaube, das führt auch zu Konsequenzen, die nicht gebilligt werden können. Wozu ist denn überhaupt der Anwaltszwang in Anwaltsprozessen da? Ich wenigstens würde in der Regel derjenigen Partei, die mir ihr Vertrauen schenkt, und gleichwohl unberechenbare Dinge in foro sprechen will, sofort das Mandat kündigen.

Ich schließe diesen allgemeinen Ueberblick, bei dem ich namentlich die für den Anwalt wesentlichen Entwurfsbestimmungen hervorgehoben, und wird hinsichtlich des spezielleren Theiles Herr Kollege Lewald das Referat zu übernehmen die Güte haben.

Vorsitzender-Stellvertreter Martiny (Danzig): Es liegt zum Titel 14 nur der Antrag v. Groddeck vor:

> Im §. 175 im Absatz 3 die Worte zu streichen: „oder von bedeutendem Umfange."

Justizrath v. Groddeck: Nur drei Worte! Ich meine, je bedeutender der Umfang von Urkunden ist, auf deren ganzen Inhalt Bezug genommen wird, um so wünschenswerther müßte es sein, daß man die Abschrift davon bekommt, und ich kann nicht einsehen, weshalb der große Umfang, den dieselben zuweilen haben können, ein Grund der Vorenthaltung sein kann.

Rechts-Anwalt Makower: Ich beantrage Ablehnung des Antrages, um unnütze Schreibereien zu vermeiden. Ich habe neulich eine Klage zu machen gehabt, wobei mein Bureau drei Monate lang Urkunden abschreiben mußte, von denen der Gegner selbst Ausfertigungen hatte. Ich finde diese Bestimmung höchst zweckmäßig.

Justizrath v. Groddeck: Das beruht auf einem Mißverständniß. Das will ich nicht geändert wissen, daß die Urkunden, die dem Gegner bereits bekannt sind, ihm nicht mehr mitgetheilt zu werden brauchen. Sobald sie ihm aber unbekannt sind, dann meine ich, ist es nöthig, sie ihm mitzutheilen, selbst wenn sie einen bedeutenden Umfang haben, oder gerade weil dies der Fall ist, denn dann muß er sie ruhig zu Hause durchgehen können.

Rechts-Anwalt Lewald: Meine Herren! Diese Frage ist keine Prinzipienfrage, wir können uns nur auf solche Fragen einlassen, die die Sache im Prinzip behandeln, wir werden sonst nicht fertig.

Justizrath v. Groddeck: Ich habe dieses Monitum schon vorgestern bei der Referentenberathung zurückzustellen beantragt, heute wird es aber zur Abstimmung gestellt. Ich ziehe es also zurück.

Vorsitzender: Wir kommen dann zu Titel 20. Dazu liegen eine Reihe von Anträgen des Herrn Kollegen v. Groddeck vor; der erste lautet:

im §. 283: „kann" statt „wird", und nach „verhandelt" einzuschalten das Wort „werden".

Justizrath v. Groddeck: Ich ziehe ihn zurück!

Vorsitzender: Dann kommen wir zu dem zweiten Antrage v. Groddeck:

im §. 286 hinzuzusetzen:

„doch werden nur solche Partei-Anträge berücksichtigt, welche schriftlich dem Gericht zugestellt sind, oder spätestens beim Schlusse der Verhandlung übergeben werden."

Justizrath v. Groddeck: Meine Herren! Das halte ich für eine prinzipielle Frage. Wollen wir ehrlich sein? Und ich bin der Meinung, wir sollen es wohl. Wollen wir wirklich eine Entscheidung auf Grund des wesentlich mündlichen Partei-Vortrages haben, so muß der Richter einen schriftlichen Haltpunkt haben, woran er seine Berathung anlehnt. Der Richter muß sich in jedem Augenblick vergegenwärtigen können, was verlangt wird. Gerade wenn wir die vollständige Mündlichkeit für die Begründung der Anträge wollen und dabei volle Gründlichkeit der Richterberathung verlangen, dann müssen wir fordern, daß dem Richter die Anträge genau fixirt übergeben werden, und daher — ich muß es aussprechen — glaube ich, daß trotz der Mündlichkeit der Verhandlungen die Anträge schriftlich niedergelegt werden müssen.

Rechts-Anwalt Ulfert: Ich bin nicht prinzipiell dagegen, nur kann ich mir kein rechtes Bild von der Bedeutung und dem Werth der rein schriftlichen Anträge machen. Es versteht sich ganz von selbst, daß in der Klage und Klagebeantwortung die materiellen Anträge in der Sache selbst schon vorhanden sein müssen. Soll es sich nun darum handeln — und um etwas Anderes kann es sich ja kaum handeln, nur die weitere Direktive für das fernere Verfahren, namentlich für die Beweisaufnahme zu geben — so muß ich gestehen, daß ich gar nichts so Bedeutsames in der ganzen Angelegenheit finde, und die Sache gern dem Richter allein überlasse. Es ist mir dies einmal wieder ein Zeugniß davon, wie dieser ganze Entwurf ein Werk des grünen Tisches ist. Man stellt Geringfügiges mit großer Feierlichkeit hin, so daß man von ferne denken sollte: Mein Gott wie herrlich!

Rechts-Anwalt Heidenfeld: Der Antrag ist doch nicht so unbedeutend, wie Vorredner ihn darstellt. Ich bin doch der Meinung, es kommen so viele Incidenzpunkte vor, und die werden oft vorkommen nach dem Entwurf, es wird sehr oft der Fall vorkommen, daß die Lage der Sache mitten im Werke geändert wird. Nach dem System des Entwurfes ist darin keine Klageänderung zu finden, und es wäre daher noch mehr nothwendig, daß Dinge, die für die ganze Sache entschieden wichtig sind, auch dem Richter schriftlich unterbreitet werden.

Die Begründung, die Motivirung muß da weit ausgeführt werden, und da ist es wichtig, daß der Richter etwas Schriftliches in der Hand habe, und nicht Alles seinem Gedächtnisse überlassen bleibt.

Justizrath Hagens: Ich wollte auf Grund vielfacher Erfahrungen mich dem Antragsteller anschließen. Es heißt da häufig: dieserhalb sind aus der Partei keine Anträge gestellt, während allerdings solche gestellt sind. Nun heißt es zwar: paßt doch auf, ob das Protokoll beim Verlesen vollständig ist; aber theils werden die Protokolle erst nachher revidirt, theils werden sie nicht vorgelesen, theils nur höchst summarisch. Ich halte es von Bedeutung, daß alle Anträge schriftlich fixirt werden, das ist keine große Mühe.

Rechts-Anwalt Graeßner (Magdeburg): Wir Alle wissen recht gut, wie mangelhaft die Audienzprotokolle gemacht werden; man weiß, man bekommt oft das Entgegengesetzte von dem, was man erklärt hat. Außerdem befinden wir uns in einer schlimmen Lage, weil die Gerichts-Organisationen nicht feststehen, so daß wir selbst nicht wissen, welches Wunderthier von Gerichtsschreiber wir bekommen. Ich würde deshalb hier jedenfalls eine Kautel treffen, es muß dem Anwalt gestattet sein, den Antrag so, wie er wörtlich gestellt ist, in die Akten aufnehmen zu lassen, und ich würde mir deshalb erlauben, den Antrag dahin abzuändern:

„doch ist es gestattet, Anträge schriftlich einzureichen."

Rechts-Anwalt Makower: Ich will mich kurz fassen. Der vorliegende Antrag ist eigentlich der wichtigste, den wir überhaupt haben. Es handelt sich nämlich um das Wort „Parteianträge"! und die Annahme des Groddeck'schen Antrages heißt Verwerfung der neuen Prozeßordnung und in seiner weiteren Konsequenz Annahme des früheren Preußischen Entwurfs. Der Antrag sieht ganz unscheinbar aus, aber er ist ein ganz prinzipieller, und ich erachte ihn als unannehmbar. Man kann das Verfahren verschieden konstruiren, und wir haben früher eine ganz andere Konstruktion versucht. In dem früheren Preußischen Entwurfe war die Sache so gedacht worden: Die Anwälte wechseln unter einander Schriften, soviel sie wollen; in dem Augenblicke aber, wo sie vor den Richter kommen, haben sie besondere conclusions motivées vorzulegen, und kurz die Gründe anzugeben, die um so eher in Kürze angeführt werden können, als sie schon vorher in den Schriftsätzen mit dem Gegner erörtert sind. Dieses System der conclusions motivées ist im vorliegenden Entwurfe vollständig verlassen, und indem Kollege Groddeck hier seinen Antrag vorbringt, schlägt er Ihnen vor, das vom Herrn Minister jüngst erst angegriffene System wiederherzustellen. Der Antrag widerspricht dem leitenden Gedanken des Entwurfs. Ein Prinzip muß aber jede Prozeßordnung haben; es läßt sich gar keine Prozeßordnung bloß auf praktischen Erwägungen aufbauen, denn reinpositive Anordnungen dulden keine Schlußfolgerungen. Der Grundgedanke des Entwurfs ist aber: Der Richter erkennt nur auf Grund dessen, was er hört; daneben sind Auskunftsmittel für die Fixirung dadurch geschaffen; daß der Anwalt Anlagen zum Protokoll übergeben kann, und daß der Vorsitzende auch ex officio befugt ist, den Gerichtsschreiber anzuweisen, gestellte

Anträge zu vermerken. Hierbei sei nebensächlich bemerkt, daß wenn im Entwurfe von Gerichtsschreibern die Rede ist, Sie sich nicht unsere ad protocollum jurati, sondern Leute mit richterlicher Qualifikation, oder Aktuarien erster Klasse, oder geübte Juristen denken müssen. Bedenken Sie doch einmal, welche Vorsorge für das Fixiren des Erheblichen getroffen ist: zwei Anwälte sind da, die ihre Anträge schriftlich fixiren können und sollen, ein Präsident ist da, der darauf achtet, und ein Gerichtsschreiber, zu dessen Pflichten es gehört, das Wesentliche zu fixiren. Das sind alle Garantien, die sich überhaupt schaffen lassen, und wir können daher das mit jenen Garantien umgebene Prinzip nicht umstoßen.

Justiz=Rath v. Groddeck: Ich stimme darin mit dem Kollegen Makower überein, daß der Antrag nicht unwichtiger, sondern in der That entscheidender Natur ist, aber ich kann nicht anerkennen, daß das Annehmen meines Antrages soviel als das Ablehnen des Entwurfs heißt. Ich wünsche den Entwurf anzunehmen, aber ich wünsche diejenigen Dinge daraus zu entfernen, die dazu führen können das Recht zu beugen. Ich rechne dazu die Streitigkeiten, die zwischen Richtern und Anwälten über die Formulirung der Anträge der Letzteren entstehen können. Es fragt sich: Soll das Protokollwesen herrschen oder soll das dominium litis der Parteien gesichert sein? Das will ich gesichert haben! Ich will weiter gehen im Prinzipe der Mündlichkeit als der Entwurf; ich will, daß der Richter gar keine Möglichkeit hat, von dem schriftlichen Material für die mündliche Verhandlung vorher Kenntniß zu nehmen, daß kein Schriftstück beim Richter deponirt wird. Was von den Schriftsätzen beim Richter höchstens deponirt werden dürfte, wäre allein die Klage. Der Klagegrund soll unveränderlich sein, der Klageantrag aber kann nicht nur verringert, sondern auch modifizirt und erweitert werden und der Verklagte ist an seine Anträge, an seine Schriftsätze in keiner Weise gebunden, er kann vollständig andere Anträge machen und da möchte ich mich davor schützen, daß wir beim Protokoll wegen der Anträge fünf gerade sein lassen müssen, um unliebsamen Streit zu vermeiden. Das ist der Sinn meines Antrages!

Meines Erachtens fordert das Wesen des Prozeß = Gesetzes völlige Freiheit der Parteien im Betriebe und möglichste Freiheit des Richters in der Entscheidung. Die Frage der Protokollirung halte ich nicht für ein Prinzip das ist eine reine Formfrage, aber sie ist wichtig.

Rechts=Anwalt Laué: Ich bin auch der Meinung, daß wir jetzt an den entscheidenden Punkt gelangt sind, an dem der von mir und meinen Kollegen gestellte Antrag zum Austrag gebracht werden muß. Ich muß jetzt im Anschluß daran meinen Antrag dahin wiederholen: daß die Versammlung ausspricht, daß den Bestimmungen des Entwurfs im Titel 20 die entsprechenden Bestimmungen des Entwurfs vom 21. Juli 1846 vorzuziehen sind. Der näheren Begründung dieses Antrages enthalte ich mich. Wenn mir gestern der Vorwurf gemacht worden ist, daß ich den Muth hätte, dergleichen Anträge zu stellen, so rühme ich mich dieses Muthes, wundere mich aber, daß gerade dieser Muth mir zum Vorwurf gemacht wird! Ich habe gestern im Ein=

zelnen ausgeführt, weshalb ich diesem Entwurfe nicht beistimmen kann. Ich stelle das Weitere Ihrer Beschlußfassung anheim!

Rechts-Anwalt Dr. Werenberg: Wenn ich einfach die Worte lese, so ist da gesagt: Es sollen die Parteianträge dem Richter schriftlich zugestellt oder spätestens beim Schlusse der Verhandlung übergeben werden. Es sollen also damit, wenn ich richtig verstehe, die Parteien aufgefordert werden, wenn sie von ihrem Petitum abweichen, dies in Form eines Schriftsatzes dem Gericht zu übergeben, und zwar, wenn dies nicht schon vorher geschehen, spätestens beim Schlusse der Verhandlung. Ich muß einerseits gestehen, daß ich diese Abänderung, die Herr v. Groddeck empfiehlt, im höchsten Grade für wünschenswerth halte. Kollege Makower sagt, das ganze System des Entwurfs würde dadurch auf den Kopf gestellt. Wenn wir in aller Form die Konklusionen hätten wie der französische Richter, dann möchte sich eher darüber reden lassen; aber da wir sie nicht hätten, so würde das System des Entwurfs durch den Groddeck'schen Antrag ganz beseitigt. Ich begreife nicht, wie man das behaupten kann! Ich kann überhaupt bemerken: Ich begreife nicht, wie man in der Konklusion des Französisch-Rheinischen Rechts etwas Anderes erblicken kann als in den vorbereitenden Schriftsätzen, die der Entwurf als Grundlage des Verfahrens für den Anwaltsprozeß vorschreibt! Wir haben hier alle Bedingungen der Konklusionen des Französischen Rechtes; wir haben in den vorbereitenden Schriftsätzen die faktischen Gründe, worauf ein bestimmter Antrag gestützt werden soll, und den bestimmten Antrag, also den Ausspruch desjenigen, was die Partei von dem Richter haben will, selbstverständlich doch also auch desjenigen, was die Partei, wenn sie mit dem ersten Antrag nicht durchkommt, eventuell haben will.

Man sagt immer, der Vorzug der Konklusion bestehe darin, daß der Richter, wenn er dem Kläger nicht gleich Numero 1 seines Antrages zusprechen könne, er ein Schema für sein Urtheil besäße, aus dem er sich mit Leichtigkeit über jede weitere Intention des Klägers informiren könne. Wenn nun die vorbereitenden Schriftsätze des Entwurfes die Anträge der Parteien enthalten sollen, glaubt man denn, daß, falls eine Partei mehrere Anträge zu stellen hat, sie diese nicht in die Schriftsätze bringen wird?

Meine Herren, das versteht sich ja ganz von selbst. — Aber man sagt weiter, diese vorbereitenden Schriftsätze würden uns allmälig wieder in das schriftliche Verfahren zurückführen. Die Parteien würden bald genug dahin kommen, durch die Schriftsätze dem Richter ein vollständiges Bild ihrer Auffassung der Sache beibringen zu wollen, Rechtsausführungen würden sich unmerklich einschleichen, und bei der mündlichen Verhandlung würden alsbald Gericht und Parteien sich davon dispensirt halten, den Inhalt der Schriftsätze mündlich vorzutragen. — Meine Herren! Lassen Sie uns doch auch die Erfahrung zu Rathe ziehen, wenn wir beurtheilen, wie die Bestimmungen des Entwurfs wirken werden.

In der Hannoverschen Prozeßordnung kennt man solche Schriftsätze, wie sie hier beabsichtigt sind, schon seit 18 Jahren. Wenn man aber glaubt, es würden dort diese Schriftsätze in erheblich dickleibiger Gestalt eingebracht, so hat die Erfahrung das Gegentheil zur Genüge gelehrt. Und dann werden Sie doch alle als Anwälte zu sich selbst das Vertrauen haben, daß es wesentlich in Ihrer eigenen Hand liegt, ob und wie weit Sie dem mündlichen Verfahren gerecht werden wollen. Wenn ich nun den Antrag Groddeck richtig auffasse, so verlangt er gar nicht nothwendig, daß mit Ausschluß der Protokollirung — und ich mache Herrn Makower darauf aufmerksam — absolut durch einen Parteischriftsatz die Abänderung der Anträge zu den Akten gebracht werde, sondern er will auch gestatten, daß, anstatt in der Form eines solchen Schriftsatzes, die Partei ihre Abänderungsanträge zum gerichtlichen Protokoll erklären lasse. Wenn dies nicht schon die Absicht des Herrn v. Groddeck ist, so würde ich mir erlauben, einen Verbesserungsantrag dahin zu richten. Ich glaube nämlich, daß es auf Dasselbe herauskommt, ob man die Partei verpflichten will durch eine positive Bestimmung das, was sie selbst geschrieben hat, dem Protokollführer vor Terminsschluß zu übergeben, oder ob man sie berechtigen will zu sagen: Ich habe hier diesen Abänderungsantrag gestellt, schreib' denselben ins Protokoll hinein.

Wenn der Antrag des Herrn Kollegen v. Groddeck dies nicht schon enthält, so würde ich seinen Antrag dahin verbessern:

„Doch werden nur solche Parteianträge berücksichtigt, welche entweder schriftlich dem Gerichte eingereicht sind, oder spätestens beim Schlusse der Verhandlung zu Protokoll gegeben werden."

(Es wird Schluß beantragt, jedoch abgelehnt.)

Justizrath Fischer (Breslau) führt aus, daß der Entwurf dem Richter eine viel zu große Machtbefugniß gebe, daß dem gegenüber der Advokatenstand keine würdige Stellung erhalte und billigt schließlich den Antrag v. Groddeck.

Rechts-Anwalt Lesse: Meine Herren! Ich glaube, der Herr Vorredner ist über das Ziel hinausgegangen, denn er hat uns hier Dinge vorgebracht, die mir zur Motivirung des vorliegenden Antrages nicht erheblich zu sein scheinen. Er ist auf die Generaldiskussion zurückgegangen, auf die Stellung des Rechtsanwaltsstandes. Ich möchte ihm hierauf nur erwiedern, daß ich kein Bedenken habe, dem Richter diese hohe Stellung einzuräumen, weil ich glaube, daß unsere Stellung dadurch auch gehoben werden wird, die mir nach der Verordnung von 1846 allerdings keine wirklich würdige zu sein scheint. Ich wollte mir ferner erlauben zu bemerken, daß mir der Antrag Groddeck nicht so sehr prinzipieller Natur zu sein scheint, wie hier hervorgehoben wird, und daß ich namentlich in dem einen oder dem anderen Vorschlage eine Beschränkung oder Erweiterung des Prinzips der Mündlichkeit nicht erblicken kann. Ich erinnere mich, im Jahre 1864 in einer Schrift des jetzigen Justizministers Aehnliches gelesen zu haben. Er sagt darin, daß in dem Preußischen Entwurf durch die conclusions motivées eine Beeinträchtigung des Prinzips der Mündlichkeit liege. Soweit gehe ich nicht, ich bin nur der Meinung, daß der Groddeck'sche Antrag nicht nöthig sei, um uns die nöthigen Garantieen zu gewähren. Ich bin der Meinung, daß §. 389 die erforderliche Garantie giebt. Wir können verlangen, daß das Protokoll verlesen werde. Deshalb lege ich kienen Werth darauf, daß der Antrag schriftlich abgefaßt wird. Im Uebrigen gebe ich zu, daß in der Hand des Vorsitzenden Vieles liegt, ich hebe aber hervor, daß der Vorsitzende ja auch in der Lage ist, Akten vor sich zu haben, denn die Akten hat dieser Entwurf nicht abgeschafft. Es scheint mir also nicht bedenklich, ihm mehr Gewalt zu geben, als sonst gerechtfertigt wäre.

(Der Schluß wird von neuem beantragt und jetzt angenommen; jedoch erhält dem vorher gefaßten Beschlusse gemäß noch das Wort der Antragsteller.)

Justizrath v. Groddeck: Ja meine Herren, ich wiederhole noch kurz: ich wünsche das Protokolliren einzuschränken. Ich wünsche, daß die Partei und der Anwalt nicht nöthig hat, nachdem etwas von seinem Antrage falsch, mißverständlich aufgeschrieben worden ist, nun in wenigen Minuten zu versuchen, wie er auf die kürzeste Weise dies bessern könne, sondern daß er, was er eigentlich verlangt, sein Petitum in aller Ruhe überlegt und zu Papiere bringt. Deshalb wünsche ich aus praktischen Gründen, daß das Protokolliren von Anträgen auch nicht offen gelassen wird, daß das Protokolliren von Anträgen gar nicht stattfinde, daß der Richter zwar die Ausführungen mündlich, den eigentlichen Kern der Sache aber schriftlich empfange, der auch für künftige Instanzen maßgebend sein soll, und daß dieser Kern mit Ueberlegung und sicher abgefaßt werde.

Vorsitzender schlägt vor, daß erst über sämmtliche Anträge zu diesem Titel gesprochen und dann über sämmtliche Anträge einzeln abgestimmt werde.

Es entspinnt sich in Bezug hierauf eine längere Geschäftsordnungs-Debatte, von der sich namentlich die Herren Ulfert, Arendts II., Laué und Martiny als Vorsitzender betheiligen. Bei der Abstimmung ist die große Majorität dafür, daß über jeden einzelnen Antrag, sobald er diskutirt worden, auch abgestimmt werde. Der Antrag Groddeck zu Titel 20, §. 286 wird hierauf angenommen, damit sind die übrigen einschlägigen Anträge beseitigt.

Die Versammlung beschließt vor allen andern den Antrag Laué jetzt zur Diskussion zu bringen. Es erhält daher das Wort der Antragsteller.

Rechts-Anwalt Laué: Ich habe weiter nichts besonderes hervorzuheben. Ich habe bereits gestern bei Beginn der Versammlung Alles angeführt. Ich halte eben die Verordnung vom 21. Juli 1846 für besser, als die Bestimmungen des Entwurfs. Mit Rücksicht darauf bitte ich zu erklären, daß den Bestimmungen des Entwurfs die Bestimmungen der Verordnung vom 21. Juli 1846 vorzuziehen sind. Wenn ich den Entwurf im Einzelnen amendiren wollte, so würden wir selbstverständlich nicht fertig werden. Ich glaube, es genügt auch vollständig, wenn wir überhaupt obigen Grundsatz aussprechen. Ich glaube, daß durch den gestrigen Beschluß dieser Antrag nicht alterirt wird. Ich will zugeben, daß es möglich ist, den Entwurf zu amendiren, daß etwas Brauchbares daraus wird. Aber hier gilt es, das Prinzip deutlich auszusprechen.

Rechts-Anwalt Dr. Werenberg: Ich kann allerdings auch mein Bedauern darüber nicht verhehlen, daß in dem jetzigen Augenblicke der Antrag Laué wieder in die Versammlung hineingeschleudert wird. Aber die formelle Berechtigung kann ich ihm nicht absprechen.

Es ist gestern sein Antrag in einer negativen Form eingebracht und über die Beschlußfassung desselben festgestellt worden, daß wir den Gedanken dieses Antrages erst am Schlusse zur Abstimmung bringen wollen. Kollege Laué hat jetzt in nicht loyaler Weise versucht — (Ruf: Oho! Murren und Unwille in der Versammlung) — — Redner sich unterbrechend: Nur der Herr Präsident kann über die Form meiner Aeußerungen urtheilen; Sie wissen ja noch nicht, wie ich fortfahren will! — — diesen Antrag in positiver Form wieder in die Versammlung einzubringen. Da das nun einmal geschehen ist, so ist allerdings der Handschuh auch von denen aufzunehmen, denen er entgegengeschleudert worden ist. Dadurch aber zwingen Sie mich auch vollständig wieder auf die Sache einzugehen, was ich gern vermieden haben würde.

Der Gedanke, der dem Antrag Laué zu Grunde liegt, ist gar nicht neu. Wir haben ja in der Vossischen Zeitung von einem Anonymus gelesen, der denselben Gedanken in anderer Form vertrat; wir haben sodann ferner vor ganz kurzer Zeit in einem erleuchteten Hause, das zur Landesvertretung dieses Reichs gehört, denselben Gedanken aussprechen hören; es wird also der Standpunkt, wie ihn Herr Laué vertritt, jedenfalls als ein solcher angesehen werden müssen, der von einer großen Zahl der Juristen dieses Landes (Rufe: zur Sache, zur Sache!) getheilt wird.

Vorsitzender: Aber, meine Herren, ich bitte den Herrn Kollegen aussprechen zu lassen!

Redner (fortfahrend): Ich habe nicht die Absicht, auf die einzelnen Monita, die gegen den Entwurf laut geworden sind, einzugehen. Ich will aber nur in kurzem darauf verweisen, — und ich bin dazu verpflichtet, nicht nur berechtigt, daß die sämmtlichen Argumentationen, die Herr Laué gegen den Entwurf vorgebracht hat, nicht aus dem Entwurfe selbst hergenommen sind, sondern aus einem Fantasiegebilde, das der Herr Kollege sich von demselben macht. Es ist sehr leicht zu behaupten, daß in diesem oder jenem Gesetz diese oder jene Bestimmung keine Wahrheit sei, — daß die Mündlichkeit z. B. in dem vorliegenden Entwurfe auf einer Täuschung beruhe, daß darin die Inquisitionsmaxime des Richters bis zu den äußersten Konsequenzen durchgeführt sei. Wenn solche Behauptungen aufgestellt werden, so sage ich: es ist sehr leicht sie in eine öffentliche Versammlung hineinzuschleudern, wenn man die Behauptungen nicht beweist aus dem Gesetze selbst, sondern durch Exemplification auf einen unvernünftigen Richter, und sagt: Nun sehet! — zu solchen Konsequenzen kann das Gesetz führen. Es ist ungeheuer leicht zu argumentiren, wie Herr Laué es gethan hat, wenn man sich einen unvernünftigen Richter vorstellt, der das Gesetz anwendet. Z. B. um nur an eins zu erinnern, Herr Laué sagt: was soll aus unserem ganzen Sachverständigen-Beweise werden, wenn sich der Richter hinstellt und sich anmaßt, als Bildhauer oder Maler eine Statue, ein Bild nach ihrem Werthe zu beurtheilen! — Das steht in dem Entwurf, sagt Herr Laué, denn nach demselben ist der Richter nicht an die Gutachten der Sachverständigen bei der Beweisführung gebunden. — Ja, meine Herren, wem ist mit solchen Exemplificationen gedient?! Wenn ich einfach den Satz hinstelle: „In Preußen hat der Richter die Befugniß, Testamente aufzunehmen“ — so kann ich auch vielleicht folgern: „Was soll daraus werden! Muß ich nicht befürchten, daß der Richter mir morgen in meine Wohnung kommt, um mich zu veranlassen, ein Testament aufnehmen zu lassen, und übermorgen wieder?!“ (Rufe: Nein! nein! — Widerspruch.) Ist das nicht dasselbe? (Gelächter. Oho!) Ja mit dem Schreien werden Sie mich nicht widerlegen! Widerlegen Sie mich nachher, das steht Ihnen frei! Ich behaupte, es ist ganz dasselbe; denn es ist derselbe Unverstand, ob der Richter sich anmaßt beurtheilen zu wollen, wie viel eine Bildsäule werth ist, oder ob er sich die Machtvollkommenheit beilegt, zu beurtheilen, wann ich mein Testament machen soll. Ich sage aber, der Richter wird nicht so unvernünftig sein, die Fähigkeit, eine Bildsäule zu beurtheilen, sich beizulegen und zu sagen: Nun will ich mir einmal diese Fähigkeit für einen speziellen Prozeß beilegen! — Mit solcher Beweisführung, wie sie Herr Laué gebracht hat, erreicht man nichts! Ich halte es daher auch für richtiger, anstatt auf diesem negativen Wege fortzuschreiten, auf die positiven Angriffe, die dem Entwurfe gemacht sind, etwas näher einzugehen. Es wird behauptet, und das hat auch Herr Kollege Laué gestern deutlich ausgesprochen: Das Verfahren, in dem wir hier in Preußen glücklich geworden sind, und das im Wesentlichen auf der Verordnung von 1846 beruht, geht von richtigeren Grundsätzen aus, als dasjenige des Entwurfs. Ja, meine Herren, es ist sehr gut, daß Herr Kollege Laué, indem er eine derartige Behauptung aufgestellt hat, im Eingang seines Vortrages sich dagegen zu verwahren Veranlassung gefunden hat, daß er in dieser Sache nicht auf einem partikularistischen Standpunkte stände. Ich bezweifle ja aus meiner eigenen, freilich erst kurzen, persönlichen Bekanntschaft, die Ehrenhaftigkeit derjenigen Motive in keiner Weise, die ihn bewogen haben, hier gegen den Entwurf aufzutreten, ich bezweifle auch nicht im Mindesten die Wahrhaftigkeit seiner Ueberzeugung, wenn er behauptet, ihn führten nicht partikularistische Rücksichten zu diesem Antrage. Aber ein Anderes ist es doch, eine Ueberzeugung von der Richtigkeit einer Thatsache haben und ein Anderes darthun, daß die Thatsache in Wirklichkeit richtig ist. Ich kann wenigstens über den Gedanken nicht hinweg kommen, daß diejenigen Gründe, die aufgeführt werden, wesentlich auf Partikularismus beruhen, wenn die Argumentation auf Grund der Thatsache geschieht: Es liegt hier ein Preußisches Verfahren vor, das so und so lange bestanden hat, meinetwegen noch mit der ferneren Argumentation: das für 15½ Millionen Preußen gilt, und dies Verfahren soll gegen dasjenige des Entwurfs aufgegeben werden. Ich sage, ich kann mich der Ansicht nicht verschließen, daß, wenn man diese Thatsachen so sehr betont, doch der Vorwurf des Partikularismus nicht ganz unbegründet ist. Was heißt denn das, meine Herren! Gerade in Beziehung auf dieses Motiv habe ich mich ja gestern in meinem einleitenden Vortrage so objektiv wie möglich darzuthun bemüht, wie die Allgemeine Gerichts-Ordnung und die Verordnungen von 1833 und 1846 ins Leben getreten sind. Dies Prozeßrecht hat doch immer nur bestanden für denjenigen Theil der Preußischen Monarchie, den wir jetzt die östlichen Provinzen nennen, und es ist doch ein ganz anderer Staat gewesen, für den es erlassen worden, als der Preußische Staat der jetzigen Zeit ist! Wie wollen Sie denn sich auf den Standpunkt stellen und fortwährend heutigen Tages noch von einem eigentlich Preußischen Verfahren sprechen? Haben denn nicht die Rheinländer, hat nicht Neu-Vorpommern und Rügen, haben nicht die neuen Provinzen dasselbe Recht zu sagen: Unser Recht ist auch ein Preußisches Recht. Wir verlangen dieselben Rücksichten gegen uns genommen zu sehen, die Ihr verlangt, daß man sie gegen Euch nimmt! — Also meine Herren! Lassen Sie uns doch nicht zur Erbitterung der Diskussion eine solche Beweisführung hier ins Feld führen. Wenn gesagt wird, das Altpreußische Prozeßverfahren gehe von richtigeren Grundsätzen aus, als der Entwurf — ja, meine Herren, ich will nicht behaupten, daß ich ein so großer Kenner der Preußischen Gerichtsordnung und Prozeßvorschriften bin, da ich ja erst seit drei Jahren die Ehre habe, als Anwalt in den altpreußischen Landestheilen zu wirken — ich will Ihnen aber eine Autorität vorführen, die Sie Alle gelten lassen, den früheren Justizminister Herr v. Lippe. (Gelächter.) Dieser Herr hat vor einigen Tagen im Herrenhause gesagt: das ganze Prinzip, auf dem unsere Gerichtsordnung beruht, ist durch die Verordnungen von 1833 und 1846 vollständig über den Haufen geworfen worden! — Wie kann man nun eine Prozeß-Ordnung beibehalten wollen, die auf zwei ganz verschiedenen Prinzipien beruht, von der Sie selbst zugeben müssen, daß deren leitende Prinzipien sich geradezu widersprechen? Was mit derartigen Einwendungen gewonnen sein soll, vermag ich in der That nicht einzusehen!

Nun ist gesagt worden, — und das ist ein Grund, der aus einem sehr ehrenhaften Motive hervorgeht — der jetzige Entwurf, der auf der Freigebung der Thätigkeit der Parteien, resp. der Anwälte basirt, der die leitende richterliche Thätigkeit beschränkt, ist unseren ganzen Volksverhältnissen nicht homogen; er beruht auf Voraussetzungen, die wir für die Landbevölkerung der östlichen Provinzen nicht statuiren können. Gestatten Sie mir dies, was, wenn auch unausgesprochen, doch dem Gedanken nach auch vom Kollegen Laué gestern betont worden ist, und sich stärker noch ausdrückt in einem Berichte der Justizkommission des Herrenhauses findet, etwas weiter zu beleuchten. Es ist behauptet worden zur Widerlegung der in dem Prozeßgesetzentwurfe adoptirten Grundsätze, die Einführung dieser Grundsätze werde theilweise das bisherige richterliche Ansehen alteriren. Der erwähnte Bericht sagt: „Die Einführung des Prinzips der unmittelbaren Betreibung des Prozesses durch die Parteien werde in den alten Provinzen das bisherige obrigkeitliche Verhältniß zwischen den Landesgerichten und den Gerichtseingesessenen zum gewissen Schaden der letztern und des obrigkeitlichen Ansehens überhaupt von Grund aus alteriren, und zwar nicht, weil hier der Bildungsgrad in den ländlichen Bezirken anderen Theilen der Monarchie nachsteht, sondern weil man hier den Segen dieses Verhältnisses zu schätzen gelernt hat, und daran wie an einem werth und lieb gewordenen Erbgut der Väter festhält."

Ich würde Ihnen diese Motive hier aus dem Berichte nicht vorgeführt haben, wenn sich nicht daran nachweisen ließe, wie wir Juristen so gern gewohnt sind, unsere Ansichten über Bestrebungen und Bedürfnisse dem ganzen Volke in den Mund zu legen. Wenn behauptet wird, das Verfahren der Verordnung von 1846 sei dem Volke der östlichen Provinzen in succum et sanguinem übergegangen, was ist denn damit gesagt? Alle diejenigen, die keinen Prozeß geführt haben, sind doch mit ihm nicht in Berührung gekommen, und für diese bei weitem überwiegende Zahl der Bevölkerung kann doch auch das Verfahren nicht ein liebgewordenes Besitzthum sein. Den Juristen allerdings, die gewohnt sind, mit den Vorschriften dieser Verordnung zu operiren, nach diesen bestimmten Formen zu arbeiten, denen ist die Verordnung ohne Zweifel eine lieb gewordene Gewohnheit, und sie sind nun geneigt, Anderen dasjenige Urtheil zuzuschreiben, das sie selbst haben, und von dem sie bona fide annehmen, daß Andere es theilen. — Ich möchte wirklich glauben, daß wir durch die erneute Aufnahme des Laué'schen Antrages die Stellung des Anwalts-Tages zu dem Entwurfe nicht richtig auffassen und daß wir sie gefährden. Ich hatte mir immer gedacht, wenn der Preußische Anwalts-Tag zusammenkommt, wenn vertreten sind — (Ruf: Zur Sache! — Gegenruf: Gehört zur Sache!) — Redner (sich unterbrechend): Ich kann ja denjenigen Herren, welche die Ausführungen, die ich mache, nicht hören wollen, nicht verwehren, daß sie sich so lange entfernen, oder sich die Ohren zuhalten! (Rufe: Oho! Oho!)

Ein Ungenannter: Ich bitte den Herrn zur Ordnung zu rufen, wenn er uns die Thür weist!

Vorsitzender: Ich finde dazu keine Veranlassung.

Rechts-Anwalt Dr. Werenberg (fortfahrend): Ich habe gedacht, wenn der Anwaltstag zusammenkommt, also Vertreter des Anwaltsstandes aus der ganzen Monarchie, dann würde sich eine gewisse Freudigkeit darüber zu erkennen geben, daß größere Aufgaben dem Stande zugemuthet werden durch den Entwurf, als bisher. Es ist ja nicht zu verkennen, daß der Entwurf eine weit größere Anforderung macht an die Thätigkeit der Anwälte, daß er weit größere Voraussetzungen und Ansprüche macht, als der Anwaltsstand bisher zu befriedigen gehabt hat. Die fortwährenden mündlichen Verhandlungen mit ihren Vorbereitungen, das stete auf dem qui vive stehen — setzen größere Anforderungen an die Kraft der Anwälte voraus. Ich hatte nun geglaubt, daß der Anwaltsstand diese Anforderungen auf das bereitwilligste acceptiren, daß er sagen würde: Wir schrecken nicht zurück vor der Freigebung der Advokatur, wir fühlen in uns das Bewußtsein, daß wir auch bei Freigebung der Advokatur in der Lage sind, jede Konkurrenz zu überwinden; wir schrecken nicht zurück vor der Mündlichkeit des Verfahrens, obgleich dadurch die Anforderungen an uns größere sind! Dagegen aber — und das wäre meines Erachtens der praktische Boden gewesen, auf den wir uns zu stellen hätten — müssen wir auch verlangen, daß, wenn man uns größere Anforderungen stellt, man diese Anforderungen unter ganz andere Gesichtspunkte bringt, als man sie bis jetzt zu bringen gewohnt gewesen ist, daß man für den Anwaltsstand die Konsequenzen anerkennt, welche sich aus der auf seinen Beruf ausgedehnten Gewerbefreiheit ergeben, mit einem Worte, daß man uns von den bisher geltenden Gebührentaxen befreit. Das wäre meines Erachtens die richtige Stellung gewesen, die der Preußische Anwalts-Tag bei der Besprechung des Entwurfes einzunehmen gehabt hätte und dem entsprechend hatte ich meinen Antrag zu den Vorbemerkungen unter V gestellt.

Ich glaube, meine Herren, daß den Antrag Laué hier annehmen, in der positiven Form, wie er jetzt gestellt ist, in der Materie nichts anderes ist, als den Beschluß, der über den negativen Antrag Laué gestern gefaßt worden, wieder umzuwerfen.

Rechts-Anwalt Lewald: Ich bin mir bewußt, daß der Antrag Laué vorliegt, und habe nur den Einen Wunsch: eine gewisse Mißstimmung, die sich in die Versammlung eingeschlichen hat, beseitigt zu sehen; und wenn wir uns vorweg klar machen, daß in die Versammlung Jeder nur das Beste, was er hat, hineintragen will, so können wir alle persönlichen Fragen bei Seite lassen. Es ist Ihnen vielleicht nicht genau bekannt, wie es mit der Vorbereitung zum Anwaltstage zugegangen ist. Ich habe nicht die Ehre zum Vorstande zu gehören. Die Herren vom Vorstande gingen mich an, ob ich nicht über gewisse Titel referiren wolle. Ich schrieb zurück, man möchte mir einen beliebigen Titel aufgeben, und in dieser Weise sind mir die Titel 26 bis 30 behufs eines Referats übertragen worden. Ich habe diese Titel, wie Jeder, der ein Referat übernommen hat, sorgfältig studirt, und bin dabei zu Zweifeln gekommen, die ich nicht zu beseitigen wußte. Um es kurz auszusprechen: es sind dies die zwei Bestimmungen der Prozeßordnung, daß nur Alles dasjenige gelten solle, was in den mündlichen Verhandlungen vorkommt, und daß der Präsident damit vergleicht, was in den Schriftstücken vorkommt. Ich verstand nicht, wie das möglich ist. Ich glaube auch, daß dies der Kernpunkt der Motive ist, die den Kollegen Laué zur Ablehnung des Entwurfs bewogen haben. (Eine Stimme: Ja!) Da ich nun, wie erwähnt, mit dem bloßen Studium darüber nicht weiter kam, so bin ich nach Hannover gegangen und habe mir 5 Tage lang das Hannoversche Prozeßverfahren angesehen, und ich muß sagen, daß die Hannoverschen Kollegen mir mit der größten Liebenswürdigkeit zur Hand gegangen sind. Ich habe den ganzen Verhandlungen beigewohnt, und ich will gleich vorausschicken, ich möchte nicht die Meinung erregen, daß mir der Hannoversche Prozeß nicht gefallen hätte; nichtsdestoweniger hat derselbe mancherlei Nachtheile, und das, was Kollege Laué sagt, ist in der That vorhanden. Nur möchte ich es nicht, wie er thut, eine Täuschung nennen, sondern eine Rechtsfiktion. Die dortigen Kollegen hatten Vorsorge getroffen, daß